Dr. Ulrich Hecker
Wald- und Parkbäume

blv

Die Deutsche Bibliothek–
CIP-Einheitsaufnahme

Ein Titeldatensatz für diese Publikation ist bei
Der Deutschen Bibliothek erhältlich

BLV Verlagsgesellschaft mbH,
München Wien Zürich

80797 München

BLV Naturführer

Das Werk einschließlich aller seiner Teile ist
urheberrechtlich geschützt. Jede Verwertung
außerhalb der engen Grenzen des Urheber-
rechtsgesetzes ist ohne Zustimmung des
Verlags unzulässig und strafbar. Das gilt
insbesondere für Vervielfältigungen,
Übersetzungen, Mikroverfilmungen und
die Einspeicherung und Verarbeitung in
elektronischen Systemen.

© 2001 BLV Verlagsgesellschaft mbH,
München

Lektorat: Dr. Friedrich Kögel
Umschlagentwurf: Studio Schübel, München
Herstellung: Hannelore Diehl
Satz und Druck: Appl, Wemding
Bindung: Auer, Donauwörth

Gedruckt auf chlorfrei gebleichtem Papier

Printed in Germany · ISBN 3-405-16020-0

Bildnachweis

Bittmann: 31 ur
Eisenbeiss: 6 o, 13 o, 25 ur, 27 ol, 47 ol, 51 u,
57 u, 61 o, 67 ul, 69 ul, 69 ur, 73 or
Greissl: 31 ul
Handel: 63 or, 63 ur
Hecker: 9, 31 or, 41 ul, 57 o, 77 ur, 89 ul,
89 ur, 93 ur
Pforr: 1 r, 13 ul, 13 ur, 17 or, 19 ur, 21 ol, 23 or,
27 ol, 27 or, 29 ul, 31 ol, 33 ol, 33 u, 35 ur,
37 u, 41 ol, 43 o, 45 ul, 47 ul, 47 ur, 49 ur,
53 ur, 59 ul, 59 ur, 61 ul, 61 ur, 63 ul, 65 ol,
65 or, 67 ur, 69 or, 73 ur, 81 o, 83 ul, 83 ur,
85 ol, 93 o
Pott: 7 u, 15 u, 17 ol, 19 o, 25 o, 25 ul, 29 o,
33 ol, 39 ul, 45 ur, 47 or, 51 ol, 51 or, 55 o,
55 ul, 63 ol, 67 ol, 69 ol, 73 ol, 73 ul, 77 ul,
81 ur, 87 u, 89 o, 91 or, 91 u
Reinhard: 1 li, 5, 6 u, 7 o, 15 ol, 19 ul, 21 u,
23 ol, 35 o, 39 ol, 43 u, 45 ol, 45 or, 49 ul,
53 ul, 55 ur, 65 or, 67 or, 71 o, 75 o, 75 ur,
79 or, 81 ul, 87 o, 93 ul
Seidl: 23 u, 39 ur, 59 o, 71 u
Synatzschke: 41 or
Willner: 2/3, 10, 27 ur, 39 or, 41 ur, 49 ol,
49 or, 53 o, 65 ul, 77 ol, 77 or, 79 ol, 79 u,
83 o, 85 or, 85 u, 91 ol
Wittmann: 15 or, 17 ul, 17 ur, 21 or, 29 ur,
35 ul, 37 o, 75 ul

Umschlagfotos: Reinhard Tierfoto,
Hans Reinhard (vorn: Blutbuche,
hinten: Esskastanie, Früchte)

Foto S. 1 l: Eibe, Samen
Foto S. 1 r: Rosskastanie, Blüten
Grafiken: Christel Adams, außer
S. 16, 18, 56, 58 o, 66: Eberhard Göppert

Einführung

Parks und Wälder sind grüne, naturnahe Oasen in der Stadt oder zwischen den Monokulturen unserer Agrarlandschaft. Besonders im stadtnahen Bereich nutzen wir solche schnell erreichbaren grünen Flecken für einen Spaziergang nach Feierabend oder ein Picknick am Wochenende.
Die wichtigsten und auffälligsten Pflanzen in Wäldern und Parks sind ohne Zweifel die Bäume. Je nach Standortbedingungen wachsen in unseren Wäldern die verschiedensten Arten von Laub- und Nadelbäumen. Es macht Spaß, diese Vielfalt zu entdecken.

Bäume sind prägende Landschaftselemente – hier eine blühende Traubenkirsche.

In Parks sind zusätzlich oft Zuchtformen heimischer Gehölze zu finden, die eine besondere Blattfarbe oder -form, einen ganz eigenen Wuchs oder abweichende Blüten besitzen. Außerdem finden wir im Park häufig Bäume ausländischer Herkunft, die Exoten genannt werden. Viele dieser Arten werden wegen besonders schöner Merkmale bei uns angepflanzt und bilden, vor allem als Solitärpflanzen, auffällige Blickfänge.
In den meisten Bestimmungsbüchern heimischer Pflanzen werden die fremdländischen Arten gar nicht oder nur mit wenigen, weit verbreiteten Arten – z. B. Rosskastanie oder Platane – aufgeführt. Diese Lücke wird mit dem vorliegenden Buch geschlossen. Es enthält die wichtigsten heimischen und exotischen Laub- und Nadelbäume. Für jede Art sind die auffälligsten Merkmale – das können Blätter, Blüten, Wuchsform oder Borke sein – in Farbfotos dargestellt. Dazu erfährt der Leser, wo der Baum natürlicherweise vorkommt und welche Besonderheiten ihn auszeichnen, z. B. hinsichtlich Biologie oder Geschichte (etwa wie die Art nach Mitteleuropa gelangte).
Vom Artenrückgang sind die in diesem Führer vorgestellten Bäume nicht betroffen. Lediglich die natürlichen Vorkommen von Weiß-Tanne, Eibe und Feld-Ulme sind in Deutschland gemäß »Roter Liste« gefährdet.

Bäume im Wandel der Jahreszeiten

Bäume präsentieren sich uns zu allen Jahreszeiten in einem anderen Erscheinungsbild. Im <u>Winter</u> können wir an den sommergrünen Bäumen Details erkennen, die im belaubten Zustand meist verborgen sind. Die Beastung und Verzweigung offenbart sich und unser Augenmerk wird auf die Struktur und Farbe der Borke und der Rinde gelenkt. Wir erkennen die für die jeweiligen Gehölze unterschiedlichen Knospenformen und die Merkmale an den kleinsten Verzweigungen.

Im Frühjahr beginnen sich die Knospen zu strecken und am Austrieb der Bäume werden, oft nur für wenige Tage, farbliche und gestaltliche Besonderheiten augenfällig. Die Knospenschuppen sind die ersten Blattorgane, die abfallen. Bald erfolgt der Laubaustrieb mit der Entfaltung der Blätter, die uns in großer Vielfalt entgegentreten. Es ist erstaunlich, welche physiologischen Leistungen Gehölze in jedem Jahr aufbringen müssen, um dieses Geschehen innerhalb weniger Tage zu bewältigen.

Die Blüten der Lärche – hier ein weiblicher Blütenstand – sind eher unscheinbar.

Der Laubaustrieb – hier eine Rosskastanie – markiert für die Pflanzen den Beginn einer neuen Vegetationsperiode.

Die Blüten der Bäume sind in Form und biologischer Funktion (z. B. Bestäubungsmechanismen) sehr unterschiedlich. Manche Blüten sind unscheinbar und bereits vor dem Laubaustrieb geöffnet. Oft spielt sich das Geschehen vor unseren Augen verborgen in den Spitzen der Baumkronen ab wie bei Esche und Ulme, wo wir oft erst durch das Erscheinen der Früchte nachträglich von der vergangenen Blütezeit erfahren, zumal auch die Bestäubung durch den Wind erfolgt und wir nicht durch Blütenbesucher aufmerksam gemacht werden. Einige Gehölze, deren Blüten ebenfalls vor der Laubentfaltung erscheinen, sind allerdings für Tage oder Wochen in leuchtende Farben getaucht, z. B. Spitz-Ahorn, Vogel-Kirsche und Sal-Weide.

Im Juni erfolgt bei manchen Gehölzen mit den Johannistrieben eine zweite Laubentfaltung, etwa bei den Eichen,

Sehr auffällig und als Bienenweide beliebt sind die Blütenkätzchen der Sal-Weide.

Das Spektrum der Fruchttypen ist insgesamt erstaunlich groß. Beerenfrüchte, die wenig Nährstoffe enthalten, werden von den Vögeln unmittelbar nach der Reife in großer Menge gefressen. Nährstoffhaltige Nussfrüchte und Samen, die Fette und Eiweiße speichern, werden von den Tieren oft gesammelt und im Erdboden versteckt, um im Winter nach und nach verzehrt zu werden.

Der Herbst erfreut uns auch durch die bei den einzelnen Laubgehölzen und sogar von Jahr zu Jahr recht unterschiedliche Laubfärbung. Sie entsteht durch in den Blättern eingelagerte Stoffwechselprodukte, die beim Abbau des Chlorophylls sichtbar werden (z. B. Carotine). Gleichzeitig werden andere die wir durch hellere, oft rötlich gefärbte Blätter erkennen.

Während des Sommers blühen nur noch wenige heimische Gehölze. Die Linden sind die letzten. Um so mehr können wir uns an den Exoten erfreuen, deren Blüten in oft verschwenderischer Fülle ausgebildet sind. Während dieser Zeit sind bei vielen Bäumen bereits die Knospen für die kommende Vegetationsperiode fertig ausgebildet, ohne dass wir dies bewusst wahrnehmen.

Im Herbst erfolgt die Fruchtreife. Viele Bäume, z. B. Esche oder Hainbuche, sind in manchen Jahren so überladen, dass die Laubblätter in den Hintergrund treten. Bei manchen Bäumen bleiben die Früchte noch lange nach der Fruchtreife am Baum hängen und werden erst im Winter oder Frühjahr von Stürmen von den Zweigen losgerissen.

Die Eberesche schmückt sich im Herbst mit leuchtend roten Fruchtständen.

7

Stoffe in die Rinde transportiert und dort gespeichert, um im kommenden Jahr beim Laubaustrieb zur Verfügung zu stehen. Bei manchen Bäumen, geschieht dies ohne spektakuläre Verfärbung. Andere hingegen leuchten in grellen Farben.
Nach dem Laubfall beginnt dann für die sommergrünen Gehölze eine mehrere Monate dauernde Ruheperiode. Die Immergrünen spielen, abgesehen von den meisten Nadelgehölzen, in der heimischen Vegetation ohnehin keine Rolle.

Waldformen

Natürliche Wälder sind in Mitteleuropa nur noch sehr selten anzutreffen. Durch jahrhundertelange Nutzung hat sich das Artengefüge oft entscheidend verändert. Je nach Standort und Höhenlage lassen sich jedoch nach wie vor einzelne naturnahe Waldformen unterscheiden.

Auenwald
Auenwälder treffen wir im Überschwemmungsbereich der Flüsse an. Sie lassen sich wie folgt untergliedern:

Gebirgs-Weidenauen und Weidengebüsche: Diese Formationen, in denen Weiden vorherrschen, findet man vor allem im Ober- und Mittellauf der Flüsse auf Schotter.

Grauerlenwald: Auch diese Waldform trifft man im Ober- und Mittellauf der Flüsse auf Schotter und Kies an. Vorherrschende, mitunter einzige Gehölzart ist die Grau-Erle.

Weichholzauenwald: Solche Wälder säumen den Mittel- oder Unterlauf der Flüsse, die periodisch über die Ufer treten. Die Überflutungen erstrecken sich hier über einen längeren Zeitraum. Der Grundwasserstand ist im Laufe eines Jahres sehr unterschiedlich hoch. Durch Schlammablagerungen sind die Böden sehr nährstoffreich. Die hier gedeihenden Gehölzarten sind raschwüchsig, oft nur kurzlebig und haben ein weiches Holz. Vorherrschende Baumarten sind Weiden, Pappeln und Schwarz-Erlen.

Hartholzauenwald: Auch er säumt den Mittel- oder Unterlauf der Flüsse. Da die Standorte jedoch etwas höher liegen, ist die Dauer der Überflutung kürzer und weniger regelmäßig. Die Baumarten sind langlebiger und weisen ein härteres Holz auf. Wichtigste Gehölzarten sind Ulmen, Eschen, Eichen, Linden und Ahorne. Anders als im Weichholzauenwald ist eine artenreiche und dichte, über Jahre hinweg gleichbleibende Krautschicht vorhanden.

Bruchwald
Der Bruchwald zeichnet sich durch einen ganzjährig hohen Grundwasserstand aus. Da es kaum zu Überflutungen mit Sedimentablagerungen kommt, sind die Böden nährstoffarm und weisen eine artenarme Krautschicht auf. Vorherrschende Gehölze sind Erlen und Birken.

Hochwald
Hochwälder weisen ein geschlossenes Kronendach auf, das von hochstämmigen, langschäftigen Bäumen gebildet wird. In Mitteleuropa sind es zumeist Nutzwälder. Die Artenzusammensetzung und die Krautschicht sind von der Höhenlage, den Bodenverhältnissen sowie der Niederschlagsmenge abhängig.

Ein Hochwald kann aus Nadelgehölzen, Laubgehölzen oder als Mischwald mit vorherrschenden Laub- oder Nadelbäumen bestehen. Wichtigster waldbildender Laubbaum Mitteleuropas ist die Rot-Buche, wichtigster Nadelbaum die Wald-Kiefer. Hochwaldforste weisen oft einen gleichaltrigen Baumbestand auf, der aus Anpflanzungen hervorgeht.

Mittelwald
Der Mittelwald ist ein Wirtschaftswald, der den Übergang von einem Niederwald zu einem Hochwald darstellt.

Moorwald
Moorwälder bilden sich auf Hoch- und Niedermooren. Auf Hochmooren wachsen die Gehölze nur auf Moos und Torf, d. h. auf sehr nährstoffarmem Substrat. Der jährliche Zuwachs ist gering, die Bäume bleiben meist klein. Moorwälder sind sehr artenarm. Typische Baumarten sind Wald-Kiefer, Fichte und Moor-Birke.

Niederwald
Der Niederwald ist ein Wirtschaftswald, in dem die Bäume alle 10–40 Jahre (so genannte Umtriebszeit) geschlagen werden. Die Verjüngung erfolgt durch Stockausschläge und nicht durch Nachpflanzung. Aus einem Baumstumpf entwickeln sich meist mehrere Stämme. Niederwälder wurden zur Gewinnung von Brennholz und als Eichenschälwald zur Gewinnung von Gerberrinde genutzt. Typische Niederwald-Baumarten sind Hainbuche und Eichen, aber auch Edelkastanien. Rot-Buchen eignen sich für eine Niederwaldnutzung weniger gut. Da in den letzten Jahrzehnten Brennholz kaum noch benötigt wird und Ei-

Charakteristisch für den Niederwald sind die nach dem Abholzen aus der Stammbasis austreibenden Stockausschläge, die ihrerseits wieder zu kräftigeren Stämmen heranwachsen.

chenrinde zum Gerben keine Rolle mehr spielt, entwickeln sich die meisten mitteleuropäischen Niederwälder zu Mittel- und Hochwäldern.

Plenterwald
Der Plenterwald ist die Form eines Wirtschaftswaldes, aus dem nur einzelne Bäume oder kleine Baumgruppen zur Nutzholzgewinnung geschlagen werden. Das Artengefüge eines solchen Waldes, in dem stets alle Altersstufen vertreten sind, bleibt gleich. Eine Naturverjüngung erfolgt ohne Eingriff durch den Menschen.

Schluchtwald
Schluchtwälder treffen wir in Engtälern oder an schattigen Hängen mit meist hoher Luftfeuchtigkeit an. Sie stocken zumeist auf nährstoffreichen

Böden in der Bergwaldstufe. Schluchtwälder sind artenreiche Mischwälder, die aus Ulmen, Eschen, Ahornen und Linden bestehen. Schluchtwälder haben eine dichte und artenreiche Krautschicht.

Parks

In den Parks stehen die Bäume, im Unterschied zu den Wäldern, einzeln oder in Gruppen. Durch meist allseitigen Lichtgenuss können sie eine arttypische Wuchs- und Kronenform ausbilden. Angepflanzt sind neben heimischen Bäumen meist auch fremdländische Gehölze oder gezüchtete Formen heimischer Arten.

Solche Formen können sich durch eine besondere Laubfärbung sowie unterschiedliche Blatt-, Blüten- oder Wuchsform auszeichnen. Häufig treffen wir so genannte »Blutformen« an, also Gehölze, die sich durch rot gefärbte oder rot getönte Blätter von den Normalformen abheben. Es sind natürliche Mutanten, bei denen das Blattgrün durch einen im Zellsaft gelösten Farbstoff, das Anthocyan, überlagert wird. Solche Blutformen kennen wir vor allem von Buchen und Ahornen.

Zahlreiche Gehölze zeichnen sich durch eine prächtige Laubfärbung im Herbst aus. Unter den heimischen Gehölzen sind dies vor allem die Vogel-Kirsche und die Elsbeere. Das atlantische Nordamerika ist berühmt durch seine im Herbst prächtig gefärbten Bäume, deren Artenvielfalt und Farbenreichtum als »Indian Summer« bekannt ist. Einige dieser Arten zeigen auch bei uns angepflanzt ihr leuchtendes Gelb (Eschen, Tulpenbaum) oder Rot (Rot-Eiche, Amberbaum).

Besonders der Spitz-Ahorn setzt durch seine kräftige Färbung im Herbst Akzente in Parks oder in freier Natur.

Bei manchen Gehölzen treten Individuen mit geschlitzten oder anderweitig abnorm gestalteten Blättern auf. Da sie meist schwachwüchsiger als die Normalformen sind, haben sie in den Wäldern kaum Überlebenschancen, können sich aber im Freistand in Parks durchaus zu stattlichen Bäumen entwickeln. Häufiger zu sehen sind schlitzblättrige Buchen und Birken.

Oft angepflanzt sind so genannte gefülltblütige Gehölze. Bei ihnen sind die Staubblätter zu zusätzlichen Blütenblättern umgebildet. Da diese Abänderungen zur Sterilität führen, können solche Formen stets nur durch Veredelung (z. B. Pfropfung) vermehrt werden. Beispiele sind Kirschen und Rosskastanien.

Gern angepflanzte Wuchsform-Mutanten sind die »Trauerformen« mit hängenden Zweigen, die wir von Weiden, Buchen, Birken und Eschen kennen.

Schmalkronige Formen treten bei Pappeln (Pyramiden-Pappel), Eichen und Hainbuchen auf. Eine große Rolle spielen sie auch für die Begrünung kleiner Flächen im innerstädtischen Raum.

Seit dem Ende des 18. Jahrhunderts kamen in Mitteleuropa die ersten Landschaftsparks nach englischem Vorbild in Mode. Die bis dahin streng geometrisch ausgerichteten Anlagen der Renaissance und des Barock mit ihren regelmäßig geschnittenen und wiederum in geometrische Formen gezwängte Kronen, wurden durch eine völlig neue Art der Gestaltung abgelöst, bei der durch gewundene Wegeführung und Einbeziehung von künstlichen Gewässern, Rasenflächen, Baumgruppen und Sichtschneisen auf Bauwerke eine naturnahes Erscheinungsbild angestrebt wurde.

Hier wurden gern auch fremdländische Gehölze, so genannte Exoten angepflanzt. Sie kommen aus vergleichbaren Klimazonen Südosteuropas, Nordafrikas, West- und Ostasiens sowie aus Nordamerika. Als Solitäre können sie sich zu stattlichen Exemplaren entwickeln. Sie sind schon lange wichtige Bestandteile unserer Parkanlagen, Kurparks, Friedhöfe, Gärten und Alleen und aus dem Arteninventar nicht mehr wegzudenken.

Aus Südosteuropa stammen Schwarz-Kiefer, Serbische Fichte und Baum-Hasel, aus Westasien die Libanon-Zeder, aus Norwestafrika die Atlas-Zeder, aus Ostasien der Ginkgobaum, der Blauglockenbaum *(Paulownia)*, der Japanische Perlschnurbaum *(Sophora)* und viele Zier-Kirschen, aus dem atlantischen Nordamerika der Tulpen- und der Zürgelbaum, aus dem Pazifischen Nordamerika schließlich die Mammutbäume, der Riesen-Lebensbaum und mehrere Tannen.

Viele dieser Exoten gelangten als Saatgut oft schon kurz nach ihrer Entdeckung nach Europa und stellen eine enorme Bereicherung des Artenbestandes dar. Von den meisten dieser Gehölze kennen wir das genaue Einführungsdatum und die Sammler, die oft im Auftrag großer Baumschulen tätig waren. Jüngstes Beispiel ist das Chinesische Rotholz *(Metasequoia)*, das erst 1947 nach Europa gelangte und von dem wir demzufolge nur vergleichsweise junge Exemplare antreffen.

Ginkgobaum
Ginkgo biloba
Foto oben

Samen

Ginkgogewächse, Ginkgoaceae **Merkmale:** Sommergrüner, 30–40 m hoher Baum mit lockerer, anfangs kegelförmiger, später breiter und gerundeter Krone und längsrissiger, breit gefurchter grauer Borke. Zweigsystem auffallend in Lang- und Kurztriebe gegliedert. Blätter an den Langtrieben einzeln und wechselständig, keilförmig eingeschnitten, an den Kurztrieben fächerförmig zu 3–6 stehend. Samen einzeln oder paarig, lang gestielt (s. Grafik), orangegelb, 2,5–3 cm groß. Blütezeit: April bis Mai. **Vorkommen:** Südostchina im Grenzgebiet der Provinzen Anhui und Zhejiang sowie im Nordteil der Provinz Guizhou am oberen Jangtsekiang; in Höhenlagen bis zu 750 m. **Besonderheiten:** Das erste Saatgut des Ginkgobaumes gelangte 1730 aus Japan in den Botanischen Garten von Utrecht. Die unscheinbaren Blüten sind eingeschlechtlig und zweihäusig verteilt. Reife Samen haben eine weiche äußere und eine kernartige innere Samenschale. Zur Reife duftet die saftig-fleischige äußere Samenschale ungenehm nach Buttersäure. Sämlinge erlangen mit 20–30 Jahren ihre Blühreife. Der Ginkgobaum ist ein lebendes Fossil. Nah verwandte Formen waren schon im Erdaltertum bekannt. Im Erdmittelalter waren Ginkgoverwandte auf der Nordhalbkugel weltweit verbreitet. Noch aus dem Tertiär sind sie aus Nordamerika und Mitteleuropa nachgewiesen.

Lawsons Scheinzypresse
Chamaecyparis lawsoniana

Foto unten links: männliche Blüten
Foto unten rechts: junge und reife Zapfen

Zapfen

Zypressengewächse, Cupressaceae **Merkmale:** Immergrüner, schmal-kegelförmiger bis zylindrischer, 40–50 m hoher Baum mit überhängendem Gipfeltrieb und silber- oder rotbrauner Borke. Zweige fächer- oder breit federförmig, in einer Ebene abgeflacht. Zapfen kugelförmig (s. Grafik), fest, dunkel rotbraun. Blütezeit: April. **Vorkommen:** Pazifisches Nordamerika; 200 km langer und 50–65 km breiter Küstenstreifen von Süd-Oregon bis Nordwest-Kalifornien; von der Ebene bis in Gebirgslagen von 1500 m Höhe. **Besonderheiten:** 1854 wurde Lawsons Scheinzypresse nach Europa eingeführt. Im Unterschied zu den Lebensbäumen, denen sie in der Gestalt und den Schuppenblättern gleicht, duften die Zweige beim Zerreiben sehr unangenehm. Auch sind die reifen, geöffneten Zapfen starr. Die Bäume werden in Mitteleuropa 20–30 m groß, die Stämme 20–30 cm dick. Am heimatlichen Standort erreicht Lawsons Scheinzypresse ein Lebensalter von 500–600 Jahren und Stammdicken von über 3 m Durchmesser. Wie alle Scheinzypressen ist auch sie giftig. Ähnlich ist die <u>Nootka-Scheinzypresse</u> (*Chamaecyparis nootkatensis*), deren Zapfen jedoch erst im 2. Jahr reifen und dornartig verlängerte Schuppen tragen.

Riesen-Lebensbaum
Thuja plicata
Foto oben links: Habitus
Foto oben rechts: Zweig

Zapfen

Zypressengewächse, Cupressaceae **Merkmale:** Immergrüner, kegelförmiger, im Alter im unteren Teil breiter Baum mit hell- bis dunkel rotbrauner Schuppenborke, eine Höhe von 30–50, selten sogar bis 75 m erreichend. Junge Triebe stark abgeflacht, dunkelgrün und glänzend, zerrieben aromatisch duftend. Zapfen länglich-eiförmig (s. Grafik), ca. 2 cm lang, braun, mit elastischen Schuppen und geflügelten Samen. Blütezeit: März bis April. **Vorkommen:** Pazifisches Nordamerika; in der Küstenregion von Süd-Alaska, British-Columbia, Washington, Oregon bis Nord-Kalifornien; an Flussufern und in Schluchtwäldern in Höhenlagen von 0–1500, selten bis 2000 m. **Besonderheiten:** Der Riesen-Lebensbaum wurde Ende des 18. Jahrhunderts entdeckt. Erstes Saatgut gelangte 1853 nach Europa. In Mitteleuropa gibt es mittlerweile zahlreiche über 35 m hohe Bäume. Bereits mit 20 Jahren wird der Riesen-Lebensbaum bei uns blühfähig und fruchtet reichlich. Nur im Freistand kann er seine unteren Zweige voll entfalten, die nicht selten zu ausladenden Schleppen auswachsen können und sekundär dicke Stämme bilden. Am heimatlichen Standort kann der Riesen-Lebensbaum 500–600, mitunter sogar 1000 Jahre alt werden und Stammdicken von über 5 m erreichen. Das Holz ist sehr geschätzt und vielseitig verwendbar.

Orient-Lebensbaum
Platycladus orientalis
Foto: junge Zapfen

Zypressengewächse, Cupressaceae **Merkmale:** Immergrüner, 10–15 m hoher, vom Grunde an oft mehrstämmiger Baum mit grau- bis rotbrauner, längsrissiger Borke. Krone anfangs kegelförmig, später breiter und gerundet. Junge Triebe stark abgeflacht, aufrecht stehend. Schuppenblätter die Zweige völlig umrindend. Unreife Zapfen blaugrün, später braun. Blütezeit: März bis April. **Vorkommen:** Nord- und Westchina, Mandschurei, Korea, Nordiran; in Höhenlagen von 300–3300 m. **Besonderheiten:** Von anderen Lebensbaum-Arten unterscheidet sich der Morgenländische Lebensbaum durch die aufrecht stehenden Zweige, die breit klaffenden, starren Zapfen und die ungeflügelten Samen. In Ostasien ist der Orient-Lebensbaum in der Natur ein selteneres Gehölz, wird jedoch häufig angepflanzt. Nach Europa gelangte er erstmals zwischen 1690 und 1730. In den milden Teilen Mitteleuropas ist er winterhart und häufig, auch als Heckengehölz, angepflanzt. Er wird bei uns meist nur 5–10 m groß. Neben der Wildform werden von den Baumschulen zahlreiche Kultursorten angeboten. Beliebt sind sogenannte 'Aurea'-Formen, bei denen die Blätter im Austrieb gelb oder bleibend gelb gefärbt sind.

Weiß-Tanne
Abies alba
Foto oben links: Zweig, Oberseite
Foto oben rechts: Zapfen

Kronenform

Kieferngewächse, Pinaceae **Merkmale:** Immergrüner, 30–50 m hoher Baum mit kegelförmiger, im Alter gerundeter Krone (s. Grafik) und hellbrauner bis silbergrauer Schuppenborke. Nadeln stumpf, oberseits dunkelgrün, unterseits mit 2 weißgrauen Längsstreifen. Zapfen aufrecht, 8–15 cm lang, im 1. Jahr reifend. Blütezeit: Mai bis Juni. **Vorkommen:** Gebirge Süd- und Mitteleuropas, von den Pyrenäen bis zu den Karpaten und der nördlichen Balkan-Halbinsel in Höhenlagen von 400–1000 m. **Besonderheiten:** Die Weiß-Tanne unterscheidet sich von der heimischen Fichte durch die helle Borke und die aufrechten Zapfen, die bei der Reife zerfallen, sodass nur die Zapfenspindel erhalten bleibt. Während bei Fichten die Seitenzweige im Alter absterben und die Stämme dann kahl sind, vermögen Tannen erneut Seitenzweige auszubilden, sodass selbst an alten Stämmen junge, grüne Zweige zu sehen sind. Als Einzelbaum wird die Weiß-Tanne mit etwa 30 Jahren blühfähig. Sie kann bis zu 600 Jahre alt werden und Stammdicken von 1–3 m erreichen.

Nordmanns Tanne
Abies nordmanniana
Foto unten links

Kieferngewächse, Pinaceae **Merkmale:** Immergrüner, 50–60 m hoher Baum mit kegelförmiger Krone und graubrauner bis schwarzgrauer Schuppenborke. Nadeln bis 3,5 cm lang, glänzend dunkelgrün, unterseits mit 2 weißen Spaltöffnungsstreifen. Zapfen zylindrisch, etwas zugespitzt, 12–20 cm lang. Blütezeit: Mai. **Vorkommen:** Westlicher Kaukasus und Pontisches Gebirge. **Besonderheiten:** Die Nordmanns Tanne wurde 1836 von dem finnischen Botaniker Alexander von Nordmann im Kaukasus entdeckt und gelangte 1840 nach England. Dank ihrer schönen Nadeln und der ebenmäßigen Beastung ist sie als Park- und als Weihnachtsbaum sehr beliebt. Am heimatlichen Standort kann sie 500 Jahre alt werden und 1,5 m dicke Stämme bilden.

Kolorado-Tanne
Abies concolor
Foto unten rechts

Kieferngewächse, Pinaceae **Merkmale:** Immergrüner, bis 50 m hoher Baum mit lockerer, schmal-kegelförmiger Krone und hellgrauer bis rötlichbrauner, längsrissiger Schuppenborke. Nadeln beidseitig graugrün, bis 8 cm lang. Zapfen aufrecht, 8–15 cm lang. Blütezeit: Mai. **Vorkommen:** Pazifisches Nordamerika, küstennah in Höhenlagen von 1000–2500 m, im Inland von 2000–3000 m. **Besonderheiten:** Die Colorado-Tanne verträgt geringere Luftfeuchtigkeit und mehr Trockenheit als die heimische Weiß-Tanne. Mit etwa 30–40 Jahren erlangt sie ihre Blühfähigkeit. In Mitteleuropa wird sie kaum höher als 35 m.

Gemeine Fichte
Picea abies

Foto oben: Zapfen
Foto unten links:
männliche Blüten und
weibliche Blütenstände
Foto unten rechts: Zweig,
Unterseite

Fichte
Kronenform

Tanne
Kronenform

Kieferngewächse, Pinaceae **Merkmale:** Immergrüner, 30–50 m hoher Baum mit kegelförmiger Krone (vgl. Grafiken) und rotbrauner Schuppenborke. Blätter 1–3 cm lang, nadelförmig, stechend zugespitzt, glänzend dunkelgrün. Zapfen hängend, 8–15 cm lang, im 1. Jahr reifend. Blütezeit: Mai bis Juni. **Vorkommen:** Mitteleuropa bis Ostasien; in Europa von den Alpen und den mitteleuropäischen Gebirgen bis zum Balkan und den Karpaten, Skandinavien; ursprünglich nur in Höhenlagen oberhalb von 800 m, in den Alpen bis 1550 m hoch ansteigend. **Besonderheiten:** Die Nadeln haben eine Lebensdauer von 5–12 Jahren. Nach dem Abfallen fühlen sich die Zweige (das gilt für alle Fichten-Arten im Unterschied zu den Tannen) rau an, da die basalen Nadelkissen an den Zweigen verbleiben. Die Gemeine Fichte gliedert sich in 2 Unterarten: Die europäische Form (ssp. *abies*) umfasst die europäischen Gebirge von den Alpen über Mitteleuropa bis nach Skandinavien zum 69. Breitengrad, das Baltikum und Teile Nordrusslands. Das Areal der nordeuropäisch-asiatischen Form (ssp. *obovata*) erstreckt sich von Lappland und der Halbinsel Kola über Nordrussland und Sibirien bis zum Altai-Gebirge und zur ostasiatischen Küste. Sie unterscheidet sich von der europäischen Form durch die nur bis 1,8 cm langen Nadeln und höchstens 8 cm großen Zapfen. Das heutige Verbreitungsgebiet der Gemeinen Fichte in Mitteleuropa ist wesentlich größer als das ehemals natürliche Vorkommen. Seit dem 18. Jahrhundert, als in Deutschland eine systematische Aufforstung begann, wurde die Fichte als wichtigstes Forstgehölz auch weit unterhalb von 800 m in Monokulturen angepflanzt. In diesen kommt es durch Anhäufung der sauren Nadelstreu zu einer Versauerung des Bodens. Fichten erlangen im Freistand mit 20–25 Jahren ihre Blühfähigkeit, im Bestand erst mit 50–60 Jahren. Sie können ein Alter von 200–600 Jahren und Stammdicken bis zu 2 m erreichen. Fichtenholz ist als Bau- und Tischlerholz geschätzt und wird auch zur Zellstoff- und Papierherstellung genutzt. Erstaunlich groß ist die Anpassungsfähigkeit der Gemeinen Fichte. Ihr Optimum hat sie in den regenreichen Gebirgslagen von Mittel- und Osteuropa. Im Schwarzwald wächst sie vergesellschaftet mit der frostempfindlicheren Weiß-Tanne als Hochwaldbaum. In den nährstoffarmen Hochmooren wird sie nur wenige Meter groß. In Nordsibirien stockt sie in Höhenlagen von nur 50 m auf Dauerfrostböden bei mittleren Januartemperaturen von unter −30 °C. Im Ortlergebiet in Südtirol wächst sie noch in 2450 m Höhe als knapp meterhohes Gehölz.

Serbische Fichte
Picea omorika
Foto oben links

Kieferngewächse, Pinaceae **Merkmale:** Immergrüner, 30–35 m hoher Baum mit schlank kegel- oder säulenförmiger Krone und dunkelbrauner Schuppenborke. Nadeln bis 1,8 cm lang, deutlich abgeflacht, zugespitzt aber nicht stechend, glänzend dunkelgrün, unterseits mit 2 deutlichen, silberweißen Spaltöffnungsstreifen. Zapfen hängend, unreif blauviolett, reif dunkelbraun, 4,5–6 cm lang. Blütezeit: Mai. **Vorkommen:** Im Tara-Gebirge des mittleren und oberen Drina-Gebietes im Grenzbereich von Bosnien und Serbien, ein kleines Vorkommen in Montenegro; in Höhenlagen von 700–1500 m. **Besonderheiten:** Saatgut der Serbischen Fichte gelangte erst 1881 nach Mitteleuropa. Sie ist heute die mit Abstand am häufigsten angepflanzte Fichten-Art. Omorika ist der bosnische Volksname für die Fichte.

Kaukasus-Fichte
Picea orientalis
Foto oben rechts

Kieferngewächse, Pinaceae **Merkmale:** Immergrüner, 40–50 m hoher Baum mit ebenmäßig schmal kegelförmiger Krone und dunkelbrauner Schuppenborke. Nadeln kurz, glänzend grün. Zapfen hängend, 5–8 cm lang, mit Harzausscheidungen, unreif violett, reif braun. Blütezeit: Mai. **Vorkommen:** Nordabfall des Pontischen Gebirges in Anatolien und Kaukasus. **Besonderheiten:** Die Kaukasus-Fichte unterscheidet sich von der heimischen Fichte durch die kurzen und glänzenden Nadeln und die kleineren Zapfen. Von allen Fichten-Arten hat sie die kürzesten Nadeln, die nur 5–8 mm lang werden. Sie gelangte 1837 nach Europa und ist wegen ihres ebenmäßigen Wuchses ein beliebter Parkbaum, der auch sommerliche Wärme und Trockenheit gut verträgt. Sie kann in Mitteleuropa bis 30 m hoch werden.

Stech-Fichte
Picea pungens
Foto unten

Zapfen

Kieferngewächse, Pinaceae **Merkmale:** Immergrüner, 25–30 m hoher Baum mit zunächst kegelförmiger, im Alter säulenförmiger Krone und dunkel- bis schwarzgrauer Schuppenborke. Nadeln bis 3 cm lang, starr und spreizend, stechend zugespitzt. Zapfen hängend, 8–12 cm lang, strohfarben bis hellbraun, mit gewellten und gezähnelten Schuppen (s. Grafik). Blütezeit: Mai. **Vorkommen:** Pazifisches Nordamerika. **Besonderheiten:** Die Stech-Fichte gelangte 1862 nach Europa. Sie ist lichtbedürftig und verträgt Lufttrockenheit und Luftverschmutzung. Angepflanzt wird vor allem ihre Blauform (»Blaufichte«). Stech-Fichten wachsen langsamer als heimische Fichten. Sie können 800 Jahre alt werden. Ihre Stämme werden selten dicker als 1 m. Häufig werden Stech-Fichten von der Sitka-Laus befallen und verlieren dann ihre Nadeln.

Libanon-Zeder
Cedrus libani
Foto oben links: männliche Blüten

Kronenform

Kieferngewächse, Pinaceae **Merkmale:** Immergrüner, 25–35 m hoher Baum mit anfangs pyramidaler, im Alter schirmförmiger Krone und schwarzgrauer Schuppenborke. Seitenäste fast waagerecht (vgl. Grafik). Nadeln an den Kurztrieben zu 7–20 in mehreren Jahrgängen. Zapfen aufrecht, fassförmig, 7,5–10 cm lang. Blütezeit September bis Oktober. **Vorkommen:** Klein- und Westasien, Libanon und Syrien; Hauptvorkommen im südwestlichen Zentralanatolien in Höhenlagen von 900–2100 m. **Besonderheiten:** Die Libanon-Zeder gelangte schon 1638 nach Europa. Sie unterscheidet sich von der Atlas-Zeder vor allem durch die mehr horizontal stehenden Äste. Das wohl älteste und größte deutsche Exemplar steht im Schlosspark von Weinheim a.d. Bergstraße. Es wurde um 1710 gepflanzt und hat einen Stammdurchmesser von 1,71 m.

Atlas-Zeder
Cedrus atlantica
Foto oben rechts: Zapfen

Kronenform

Kieferngewächse, Pinaceae **Merkmale:** Immergrüner, 35–40 m hoher Baum mit anfangs breit-kegelförmiger, im Alter weit ausladender, abgeflachter Krone und dunkel- bis schwarzgrauer Schuppenborke. Seitenäste aufsteigend (vgl. Grafik). Nadeln zu 10–30 an Kurztrieben. Zapfen aufrecht, tonnenförmig, 5–7,5 cm groß, erst im 2.–3. Jahr reifend und dann zerfallend. Blütezeit: September bis Oktober. **Vorkommen:** Westliches Nordafrika von Marokko bis Algerien; Atlas- und Rifgebirge in Höhenlagen von 1500–2600 m. **Besonderheiten:** Die Atlas-Zeder gelangte 1839 nach Europa. Bei uns angepflanzt sind vor allem Formen mit blaugrünen Nadeln. In Deutschland sind sie vor allem im Rheingebiet und in Südwestdeutschland zu finden, wo sie bis 30 m groß werden. Am Naturstandort werden Atlas-Zedern bis 900 Jahre alt.

Himalaja-Zeder
Cedrus deodara
Foto unten

Kieferngewächse, Pinaceae **Merkmale:** Immergrüner, bis 50 m hoher Baum mit anfangs kegelförmiger, später breiter Krone und schwarzgrauer Plattenborke. Gipfel- und Seitentrieben deutlich überhängend. Nadeln an den Kurztrieben zu 25–30, bis 6,5 cm lang. Zapfen fassförmig bis länglich-oval, 8–10 cm lang. Blütezeit: September bis Oktober. **Vorkommen:** Westlicher Himalaja von Ostafghanistan bis Westnepal. **Besonderheiten:** Die Himalaja-Zeder ist duch die langen Nadeln und die überhängenden Zweigenden mit keiner anderen Zedern-Art zu verwechseln. Erstes Saatgut von ihr kam 1822 nach Europa. Die Himalaja-Zeder ist in Mitteleuropa nur im Weinbauklima winterhart. Am Naturstandort werden die Stämme bis 3 m dick und liefern ein sehr wertvolles Holz.

Douglasie
Pseudotsuga menziesii

Foto oben: Zweige mit Zapfen

Kieferngewächse, Pinaceae **Merkmale:** Immergrüner, 50–60 m hoher Baum mit kegelförmiger, im Alter flacher und breiter Krone und grau- bis purpurbrauner, korkiger Schuppenborke. Nadeln 2–4 cm lang, weich, unterseits mit 2 silbergrauen Spaltöffnungsstreifen. Zapfen 5–10 cm groß. Zapfenschuppen von zweierlei Gestalt: breite und runde Schuppen werden von längeren, 3-zipfeligen Schuppen überragt. Zapfen im 1. Jahr reifend und mit den Stielen abfallend. Blütezeit: März bis April. **Vorkommen:** Pazifisches Nordamerika; von British Columbia und dem südlichen Alberta bis Mittel-Mexiko; östlich bis Montana, Wyoming und New Mexico; bis 2600 m Höhe. **Besonderheiten:** Man unterscheidet zwei Varietäten der Douglasie: Die Küsten-Douglasie mit tiefgrünen und langen Nadeln, vor allem bis 1650 m Höhe gedeihend, und die Gebirgs-Douglasie mit bläulichgrünen, kürzeren Nadeln, die in größerer Höhe wächst. Die Douglasie wurde 1827 vom schottischen Botaniker David Douglas nach England eingeführt. Sie wächst schneller als die heimische Fichte und ist auch in Mitteleuropa ein wichtiges und ertragreiches Forstgehölz, das bei uns über 50 m hoch werden kann. Bereits mit 10 Jahren kann die Douglasie als Solitärgehölz blühreif werden. Sie kann ein Alter von 700 Jahren und Stammdicken von über 3 m erreichen.

Gemeine Lärche
Larix decidua

Foto unten links: reife Zapfen
Foto unten rechts: Herbstfärbung

Zweig mit weiblichem Blütenstand (oben) und männlicher Blüte (unten)

Kieferngewächse, Pinaceae **Merkmale:** Sommergrüner, 35–40 m hoher Baum mit lichter, ebenmäßig kegelförmiger Krone und tief gefurchter, grau- bis rotbrauner Schuppenborke. Nadeln weich, bis 3 cm lang, an den Langtrieben einzeln, an den Kurztrieben zu 40–50 in Büscheln. Zapfen aufrecht, 2–6 cm lang, im 1. Jahr reifend und noch über Jahre am Baum bleibend, erst mit den Zweigen abfallend. Blütezeit: März bis Mai. **Vorkommen:** Gebirge Europas. Verbreitungsgebiet in 4 Teilareale gegliedert: Alpen, Sudeten, Karpaten und Weichselniederung; in Höhenlagen von 150–2350 m. **Besonderheiten:** Die Lärche ist schon seit dem 16. Jahrhundert als Forstgehölz weit über das ursprüngliche Verbreitungsgebiet hinaus angepflanzt. Lärchen sind einhäusig. Die Blüten (s. Grafik) werden an den Kurztrieben gebildet, die daraufhin absterben. So kommt es, daß viele der hängenden Zweige nicht mehr beblättert sind. Junge Bäume sind anfangs raschwüchsig und erlangen im Freistand bereits mit 12–15, im Forst erst mit 20–25 Jahren ihre Blühreife. Sie können bis zu 800 Jahre alt werden und Stammdicken von 2 m erreichen. Vor dem Laubfall im Herbst färben sich die Nadeln goldgelb. Kalte und relativ trockene Winter überstehen Lärchen ohne Schaden.

Wald-Kiefer
Pinus sylvestris

Foto oben links: Zapfen und junge männliche Blütenstände
Foto oben rechts: männliche Blütenstände
Foto unten links: Borke
Foto unten rechts: Habitus

zweinadeliger Kurztrieb mit Nadelscheide

Kieferngewächse, Pinaceae **Merkmale:** Immergrüner, 20–25 m hoher Baum mit anfangs lockerer, kegelförmiger, im Alter häufig asymmetrischer, abgeflachter Krone und grau- bis rotbrauner, längsrissiger Schuppenborke. Kurztriebe 2-nadelig, mit bleibender, bis 1 cm langer Nadelscheide. Nadeln 2,5–7,5 cm lang, steif, graugrün, oft gedreht (s. Grafik). Zapfen kurz gestielt, 3–8 cm lang, mit weit klaffenden, starren Schuppen. Blütezeit: Mai bis Juni. **Vorkommen:** Europa bis Ostasien; von Nordportugal, Zentralspanien und den Pyrenäen bis zur Balkan-Halbinsel, Kleinasien und dem Kaukasus; Schottland, Mitteleuropa, Skandinavien, Sibirien; in Ostasien die Küste nicht erreichend. In Mitteleuropa vom Tiefland bis zu 1600 m in den Bayerischen Alpen. Die Wald-Kiefer hat das größte Verbreitungsgebiet aller Kiefern-Arten. **Besonderheiten:** Die Wald- Kiefer hat eine sehr breite ökologische Amplitude. Sie gedeiht sowohl auf trockenen, basenreichen Sandböden als auch auf saurem und nassem Torf in Hochmooren. Die Blüten sind eingeschlechtig und einhäusig. Männliche Blüten stehen zu vielen am Grunde der jungen Langtriebe, die weiblichen Blütenstände sind zu 1–2 an deren Ende angeordnet. Pollen wird in großer Menge gebildet. Die Pollenkörner werden vom Wind übertragen. Durch 2 seitliche Luftsäcke vermögen sie lange in der Luft zu schweben und können über große Distanzen hinweg transportiert werden. Der sogenannte »Schwefelregen« kommt zustande, wenn Kiefernpollen auf Pfützen landen, diese eintrocknen und dann gelbe Ringe hinterlassen. Die Zapfen reifen im 2. Jahr, öffnen sich aber erst an sonnigen und trockenen Tagen zu Beginn des 3. Jahres. Die Befruchtung der Samenanlagen erfolgt – wie bei allen Kiefern-Arten – erst 1 Jahr nach der Bestäubung. Ab diesem Zeitpunkt beginnen die jungen Zapfen auch erst zu wachsen. Die Nadeln haben eine Lebensdauer bis zu 8 Jahren und werden dann mit den gesamten Kurztrieben abgeworfen. Wald-Kiefern werden im Freistand mit etwa 15 Jahren, im Bestand erst mit 30–40 Jahren blühfähig. Sie können bis 600 Jahre alt werden und Stämme von 1 m Dicke bilden. Die größte Verbreitung in Europa hatte die Kiefer nach der letzten Eiszeit in der Vorwärmezeit und der frühen Wärmezeit, dem Boreal, etwa 8200–5800 Jahre v. Chr. Das Holz der Wald-Kiefer ist harzreich und sehr dauerhaft. Es wird als Möbel- und Bauholz geschätzt. Der äußere Holzteil (Splint) ist gelblich oder rötlichweiß, der innere (Kern) bräunlich gefärbt. Am Licht dunkelt Kiefernholz nach.

Schwarz-Kiefer
Pinus nigra
Foto oben

Kurztrieb

Kieferngewächse, Pinaceae **Merkmale:** Immergrüner, 30–40 m hoher Baum mit anfangs ebenmäßig kegelförmiger, im Alter ausladend abgeflachter Krone und großfeldriger, dunkelrissiger Schuppenborke. Kurztriebe 2-nadelig, Nadeln 8–18 cm lang, starr und spreizend, dunkelgrün (s. Grafik). Zapfen 3–10 cm lang, starr, hellbraun, am Grunde flach. Blütezeit: Mai bis Juni. **Vorkommen:** Südeuropa bis Kleinasien und Krim; Nordwestafrika. In Europa nördlich bis Österreich (Wiener Wald). **Besonderheiten:** Die Zapfen reifen im 2. Jahr und fallen im Frühling des 3. Jahres zu Boden. Die Schwarz-Kiefer ist lichtbedürftig und verträgt sehr gut Lufttrockenheit. Bereits mit etwa 15 Jahren wird sie blühfähig. Sie kann bis 500 Jahre alt werden und 1 m dicke Stämme bilden.

Weymouths Kiefer
Pinus strobus
Foto unten links

Kieferngewächse, Pinaceae **Merkmale:** Immergrüner, 30–60 m hoher Baum mit lockerer, kegelförmiger, im Alter oft einseitig abgeflachter Krone und schwarzgrauer Schuppenborke. Kurztriebe 5-nadelig, Nadeln 7,5–12 cm lang, weich. Zapfen hängend, gestielt, gebogen, 8–20 cm lang mit weichen, spreizenden, harzigen Schuppen. Blütezeit: Mai bis Juni. **Vorkommen:** Nordöstliches Nordamerika. **Besonderheiten:** Die Weymouths Kiefer wurde wohl schon in der Mitte des 16. Jahrhunderts nach Frankreich eingeführt. Lord Weymouth, nach dem sie benannt wurde, sorgte für eine großflächige Anpflanzung in England. Auch in Mitteleuropa wurde sie aufgrund ihrer Schnellwüchsigkeit zu einem geschätzten Forstgehölz. Um 1880 jedoch kam es zu einem Massenbefall durch eine Pilzkrankheit, den Blasenrost, die sich schnell in ganz Europa ausbreitete.

Tränen-Kiefer
Pinus wallichiana
Foto unten rechts

Zapfen

Kieferngewächse, Pinaceae **Merkmale:** Immergrüner, 30–50 m hoher Baum mit ebenmäßiger, lockerer, pyramidaler Krone und entfernt etagiert stehenden Zweigen. Nadeln überhängend, in 5-zähligen Kurztrieben, 12–20 cm lang. Zapfen gestielt, gebogen (s. Grafik), zunächst blaugrün, mit Harztropfen (Name!). Zur Reife im 2. Jahr braun, 15–25 cm, lang mit weit klaffenden Schuppen. Blütezeit: Mai bis Juni. **Vorkommen:** Himalaja von Ostafghanistan bis Nordburma und Westchina. **Besonderheiten:** Die Tränen-Kiefer gelangte 1823 nach Europa. Dank ihrer Schnellwüchsigkeit und ihrer ornamentalen Form wird sie in Gärten und Parks häufig angepflanzt. Der Artname »wallichiana« geht auf den dänischen Arzt und Botaniker Nathaniel Wallich (1786–1854) zurück, der für die Ostindische Kompanie den Himalaja bereiste.

Chinesisches Rotholz

Metasequoia glyptostroboides

Foto oben links: Borke
Foto oben rechts: Zweig

Zapfen

Sumpfzypressengewächse, Taxodiaceae **Merkmale:** Sommergrüner, 30–35 m hoher Baum mit kegelförmiger, lockerer Krone und am Grunde stark verbreitertem Stamm mit fuchsroter Borke und markanten Stammkehlungen. Nadeln gegenständig, bis 3,5 cm lang, weich, hell- bis frischgrün. Zapfen gestielt (s. Grafik), 2–2,5 cm lang, im 1. Jahr reifend, aber erst im kommenden Frühjahr beim Laubaustrieb abfallend. Blütezeit: Mai. **Vorkommen:** China (Sichuan, Hubei) in Höhenlagen von 700–1350 m. **Besonderheiten:** Das Chinesische Rotholz wurde erst 1944 entdeckt. Kurz zuvor, 1941, wurde die Gattung *Metasequoia* von dem Japaner Miki aufgrund tertiärer Fossilien aus Japan aufgestellt. Im Tertiär war die Gattung auf der nördlichen Halbkugel weit verbreitet. Das erste Saatgut gelangte 1947 nach Europa. Die raschwüchsigen Bäume erlangen ihre Blühreife schon mit etwa 20 Jahren. Die männlichen Blütenstände, schon im Herbst ausgebildet, hängen in langen, kätzchenartigen Ständen im oberen Teil der Krone. Die weiblichen, grünen Blüten erscheinen im Frühjahr an den Spitzen von Kurztrieben. Im Herbst färben sich die Nadeln des Baumes kupfern und werden mit den Kurztrieben abgeworfen.

Sumpfzypresse

Taxodium distichum

Foto unten links: Luftwurzeln
Foto unten rechts: Zweig

Zapfen

Sumpfzypressengewächse, Taxodiaceae **Merkmale:** Sommergrüner, 20–40 m hoher Baum mit kegelförmiger, im Alter gerundeter Krone und rot- bis graubrauner, längsstreifiger Borke. Nadeln wechselständig, bis 2 cm lang, weich, hellgrün, im Herbst mit den Kurztrieben abfallend. Zapfen kugelförmig, 2–3 cm groß (s. Grafik), im 1. Jahr reifend und zerfallend. Blütezeit: März bis April. **Verbreitung:** Südöstliches Nordamerika von Texas bis Florida, nördlich bis Illinois, Indiana, Delaware und Maryland. **Besonderheiten:** Die Sumpfzypresse gedeiht in der Natur an küstennahen Standorten, die jährlich während einiger Monate überflutet sind. Eine Merkwürdigkeit, die man auch an älteren Bäumen bei uns in Parks sehen kann, sind die 0,5–1,5 m aus dem Erdboden ragenden Luftwurzeln, die besonders an sehr nassen Standorten gebildet werden. Das Abwerfen der Kurztriebe im Herbst hat die Sumpfzypresse mit dem Chinesischen Rotholz gemein. Beim letzteren stehen die Nadeln jedoch gegenständig. Bereits im Herbst sind die männlichen Blütenstände fertig ausgebildet, die im oberen Kronenbereich 5–12 cm lang schlaff nach unten hängen. Wie bei allen Nadelgehölzen wird der Pollen vom Wind übertragen. Die Sumpfzypresse gelangte bereits 1640 nach Europa.

Mammutbaum

Sequoiadendron giganteum

Foto oben links: Borke
Foto oben rechts: Zweig

Zapfen

Sumpfzypressengewächse, Taxodiaceae **Merkmale:** Immergrüner, 50–80 m hoher Baum mit rotbrauner, schwammiger Borke. Krone anfangs ebenmäßig kegelförmig, im Alter locker und unregelmäßig gerundet. Nadeln pfriemförmig, später mit den Zweigen abfallend. Zapfen eiförmig (s. Grafik), 4–6 cm lang, starr verholzt, erst im 2. Jahr reifend. **Vorkommen:** Pazifisches Nordamerika; Kalifornien; in Höhenlagen von 1350–2300 m. **Besonderheiten:** Der Mammutbaum wurde erst 1852 entdeckt. Das Gesamtareal umfasst weniger als 70 Quadratkilometer. Bereits 1853 gelangte erstes Saatgut nach Europa. Am heimatlichen Standort kann der Mammutbaum bis 3200 Jahre alt werden und Stammdicken von 8 m erreichen. Die ältesten Exemplare in Mitteleuropa sind inzwischen über 50 m hoch. Ein schöner Bestand befindet sich im Exotenwald in Weinheim a.d. Bergstraße. Ab 1868 wurden hier hunderte von Mammutbäumen angepflanzt, von denen heute noch weit über 100 leben. Das Wurzelsystem dringt nur selten tief in den Erdboden ein, die meisten Wurzeln befinden sich zwischen 0,6–1 m Tiefe. Dennoch hat sich der Mammutbaum bei den Orkanen der letzten Jahre als sehr standfest erwiesen. Mammutbäume können 2500–3000 Jahre alt werden. Die bis zu 25 cm dicke Borke schützt die Stämme vor Schäden bei Waldbränden, die im Verbreitungsgebiet gelegentlich auftreten.

Küstenmammutbaum

Sequoia sempervirens

Foto unten

Zapfen

Sumpfzypressengewächse, Taxodiaceae **Merkmale:** Immergrüner, 65–100 m hoher, langschäftiger Baum mit lockerer Krone und dicker, schwammiger, rotbrauner Borke. Krone anfangs schmal kegelförmig, im Alter gerundet. Nadeln gescheitelt, dunkelgrün. Zapfen ei- bis kugelförmig (s. Grafik), mit starren Schuppen, 1,5–3 cm groß, im 1. Jahr reifend. Blütezeit: Februar bis März. **Vorkommen:** Pazifisches Nordamerika; Süd-Oregon und Kalifornien in Höhenlagen von 0–1650 m. Das Verbreitungsgebiet ist inselartig zergliedert, 800 km lang und 50–60 km breit. **Besonderheiten:** Der Küstenmammutbaum wurde 1794 vom Arzt und Botaniker Archibald Menzies entdeckt. 1840 gelangte das erste Saatgut nach Europa. Das höchste gemessene Exemplar hatte eine Höhe von über 110 m. Damit ist der Küstenmammutbaum oder Redwood der höchste Nadelbaum. Mit 20–25 Jahren erlangt der Küstenmammutbaum seine Blühreife. Er kann, wie Jahresringanalysen ergaben, über 2200 Jahre alt werden und dabei Stammdicken von 5 m erreichen. Die gute Qualität des roten Holzes führte dazu, daß die Bestände stark dezimiert wurden. Heute sind alle Naturstandorte geschützt.

Gemeine Eibe

Taxus baccata

Foto oben: Samen mit Samenmantel
Foto unten links: Borke
Foto unten rechts: Männliche Blüten

berindeter Zweig

Eibengewächse, Taxaceae **Merkmale:** Immergrüner, oft mehrstämmiger, 10–12 m hoher Baum mit breit-kegelförmiger, im Alter ei- bis kugelförmiger Krone und grau- bis rotbrauner Schuppenborke. Nadeln bis 3,5 cm lang, oberseits dunkelgrün, unterseits hellgrün. Junge Zweige von langen Blattpolstern völlig berindet und dadurch gefurcht, grün (s. Grafik). Samen zur Reife von einem roten, fleischigen Mantel umgeben. Blütezeit: März bis April. **Vorkommen:** Europa, nördliches Anatolien, Kaukasus bis Nordiran. Nordwestafrika. Vom Tiefland bis zu 1330 m in den Bayerischen Alpen. Im Mittelmeergebiet meist oberhalb von 800 m. In Buchen-, Tannen- und Laubmischwäldern in feuchter Klimalage. **Besonderheiten:** Die Eibe unterscheidet sich von anderen Nadelgehölzen durch das Fehlen von Harzkanälen. Für den Menschen und manche Säugetiere (Pferde) sind alle Pflanzenteile, mit Ausnahme des roten Samenmantels, giftig. Sie führen Taxin, das verschiedene Alkaloide enthält, sowie Myricylalkohol und das Glukosid Taxicatin. Kühe, Rehe und Hirsche hingegen fressen die Nadeln. Letztere sind es auch, die den Jungwuchs in unseren Wäldern vernichten und so für das Seltenerwerden der Eibe in Deutschland sorgen. Eingegatterte Flächen zeigen hingegen eine sehr gute Naturverjüngung. Bei der Eibe sind die eingeschlechtigen Blüten zweihäusig verteilt. Sie stehen einzeln in den Blattachseln. Die zahlreichen männlichen Blüten sind bis 4 mm groß und nach unten gerichtet. Die weiblichen Blüten bilden einen Bestäubungstropfen, an dem der Pollen anhaftet. Anders als bei den meisten Nadelgehölzen, bei denen die heranwachsenden Samenanlagen von Zapfenschuppen geborgen sind, wachsen sie bei der Eibe ungeschützt heran. Der leuchtendrote Samenmantel (Arillus) lockt Amseln und Drosseln an, welche die Samen verzehren und verbreiten. Eiben wachsen in der Jugend sehr langsam. Mit 15–30 Jahren werden sie blühfähig. Sie können mehrere hundert Jahre alt werden. Eine genaue Altersbestimmung ist oft nicht möglich, da Stämme miteinander verwachsen können und ältere Bäume oft hohle Stämme haben. Jahresringzählungen sind daher nicht möglich. Altersangaben, die über 1000 Jahre hinausgehen, sollte man kritisch beurteilen. Eibenholz ist hart, schwer und elastisch. Der innere Teil (Kern) ist tiefrot und dunkelt an der Luft nach, der schmale äußere Teil (Splint) gelblich. Eibenholz ist als Furnierholz, für Drechsler- und Schnitzarbeiten begehrt. Früher diente es zur Herstellung von Bögen und Armbrüsten. Die Eibe spielte in der Mythologie und im Volksglauben eine große Rolle. Den Kelten war sie heilig, den Germanen galt sie als Sinnbild der Ewigkeit.

Tulpenbaum
Liriodendron tulipifera

Frucht

Magnoliengewächse, Magnoliaceae **Merkmale:** Sommergrüner, bis 50 m hoher Baum mit anfangs pyramidaler, später gerundeter Krone und grauer, tief längsrissiger Borke. Blätter wechselständig, seitlich mit 1–2 Lappen und gestutzter Spitze. Blüten einzeln, endständig, glockenförmig, gelbgrün, 4–5 cm lang und breit, am Grunde mit orangefarbenem Ring. Früchte zapfenförmig (s. Grafik), erst im Spätwinter zerfallend. Blütezeit: Mai bis Juni. **Vorkommen:** Atlantisches Nordamerika von Massachusetts und Wisconsin bis Florida und Missouri. **Besonderheiten:** Der Tulpenbaum ist ein sehr beliebtes Parkgehölz, das schon 1688 nach Mitteleuropa gelangte. Die Blüten sind meist so im Blattwerk versteckt, dass sie, zumal in hohen Kronen, nicht leicht erkennbar sind. Erst im laublosen Zustand bemerkt man die vielen Zapfenfrüchte, die später in einzelne Früchtchen zerfallen. Junge Bäume werden mit etwa 25 Jahren blühfähig. Alte Exemplare können am heimatlichen Standort einen Stammdurchmesser von 3 m erreichen. Das helle Holz wird für Klangmöbel und Furniere genutzt. In Mitteleuropa werden die Bäume kaum höher als 25–30 m. Im Herbst färben sich die Blätter des Tulpenbaumes leuchtend goldgelb.

Garten-Magnolie, Tulpen-Magnolie
Magnolia x soulangiana

Blatt

Magnoliengewächse, Magnoliaceae **Merkmale:** Sommergrüner, breitkroniger, 3–5 m hoher Baum mit grauer Borke. Blätter verkehrt-eiförmig bis länglich-elliptisch (s. Grafik), ganzrandig, 10–15 cm lang. Blüten endständig, aufrecht, glockig, 8–15 cm groß, außen rosa, innen weiß. Blütezeit: April bis Mai. **Besonderheiten:** Die Garten-Magnolie ist eine Hybride, deren Eltern die Yulan-Magnolie *(M. denudata)* und die Purpur-Magnolie *(M. liliiflora)* sind. Sie entstand im Garten von Soulange-Bodin in Fromont bei Paris und blühte erstmalig 1826. Seitdem gibt es von ihr zahlreiche neuere Kreuzungen und Sorten, die sich vor allem durch unterschiedliche Blütenfarben auszeichnen. Die Garten-Magnolie gehört zu den Magnolien, deren Blüten vor der Laubentfaltung blühen und daher besonders auffallen. Leider ist die Blühdauer nur kurz, und nicht selten bereiten Spätfröste der Schönheit ein jähes Ende. Im Frühherbst kann man mitunter einzelne Blüten an den noch voll und grün belaubten Bäumen beobachten. Die Garten-Magnolie benötigt einen hellen, vollsonnigen Standort und einen lockeren, nährstoffreichen Boden. Die Gattung Magnolia wurde nach dem Botaniker Pierre Magnol (1638–1715) benannt.

Amerikanischer Amberbaum

Liquidambar styraciflua

Foto oben links:
Männlicher Blütenstand
Foto oben rechts:
Herbstfärbung

Fruchtstand

Zaubernussgewächse, Hamamelidaceae **Merkmale:** Sommergrüner, bis 50 m hoher Baum mit anfangs pyramidaler, im Alter gerundeter Krone und tief gefurchter, längsrissiger, dunkler Borke. Zweige häufig mit Korkleisten. Blätter wechselständig, lang gestielt, 5-lappig. Blüten in eingeschlechtigen, kugeligen Köpfchen, einhäusig. Fruchtstände 3–3,5 cm dick (s. Grafik). Blütezeit: Mai. **Vorkommen:** Östliches Nordamerika: Connecticut und südliches New York bis Illinois und Oklahoma, südlich bis Texas, Louisiana und Florida; Mexiko. Vom Tiefland bis zu einer Höhe von 800 m. **Besonderheiten:** Der Amberbaum ist ein Gehölz feuchter, oft auch periodisch überfluteter Standorte. Nach Mitteleuropa gelangte er 1681. Er zeichnet sich durch rasches Wachstum aus und wird mit 20–25 Jahren blühfähig. Er ist ein lichtbedürftiges Gehölz, das bei uns an günstigen Standorten ca. 20 m groß wird. Im Herbst ist das Laub leuchtend weinrot gefärbt. Der Name Amberbaum nimmt auf das Harz Bezug, das beim Anschneiden der Rinde und des äußeren Holzkörpers austritt. Es ist als amerikanischer Storax im Handel und findet Verwendung bei der Herstellung von Parfüm, Seife und Kaugummi.

Ahornblättrige Platane

Platanus x hispanica

Foto unten links: Borke
Foto unten rechts:
Fruchtstände

Blatt

Platanengewächse, Platanaceae **Merkmale:** Sommergrüner, breitkroniger, bis 35 m hoher Baum mit kräftigen Ästen und sich in großen Platten ablösender, blassgelber bis graubrauner Plattenborke. Blätter wechselständig, lederig, 3–5-lappig (s. Grafik), bis 25 cm breit. Blüten unscheinbar, einhäusig, in kugeligen, eingeschlechtigen Ständen. Fruchtstände mit 2–3, den Winter über am Baum hängenden Kugeln von 3–4 cm Durchmesser. Blütezeit: Mai. **Besonderheiten:** Die Ahornblättrige Platane ist ein Bastard der <u>Morgenländischen Platane</u> *(P. orientalis)* aus Südosteuropa, Klein- und Westasien, mit der <u>Abendländischen Platane</u> *(P. occidentalis)* aus Nordamerika. Die reich gebildeten Samen keimen gut. Jungbäume sind mit 20–25 Jahren blühreif. Im Freistand können die Baumkronen gewaltige Ausmaße annehmen und die Stämme weit über 1 m Dicke erreichen. Obwohl beide Eltern am heimatlichen Standort gewässerbegleitend wachsen, verträgt die Ahornblättrige Platane sowohl die Lufttrockenheit als auch die Luftverschmutzung der Innenstädte. Seit kurzem wird die Platane von einer Miniermotte befallen, deren Larven sich von der chlorophyllführenden Schicht der Blätter ernähren. Der erste Laubaustrieb wird oft von einem Pilz *(Gloeosporidium nervisequum)* befallen, der die Blätter zum Absterben bringt. Spätere Blätter bleiben gesund.

Berg-Ulme
Ulmus glabra
Foto oben links: Blütenstände
Foto oben rechts: Blätter

Frucht

Ulmengewächse, Ulmaceae **Merkmale:** Sommergrüner, 30–40 m hoher, breitkroniger, reich verzweigter Baum mit lange glatt bleibender, längsrissiger, graubrauner Rippenborke. Blätter wechselständig, 10–15 cm lang, mit asymmetrischer, oft 3-zipfeliger Spreite, sich sehr rau anfassend. Blüten zwittrig, unscheinbar, sich lange vor dem Laubaustrieb entfaltend. Früchte geflügelt, ca. 2 cm groß (s. Grafik). Blütezeit: März bis April. **Vorkommen:** Europa bis zum Ural und zur Wolga, West- und Nordanatolien. In Mitteleuropa vom norddeutschen Flachland bis zu 1400 m Höhe in den Alpen; in feuchten, nährstoffreichen Schlucht- und Hangwäldern. **Besonderheiten:** Die Berg-Ulme kommt in unseren Laubmischwäldern nicht häufig vor. Der Laubaustrieb erfolgt spät. Erste Assimilationsorgane sind die jungen Flügelfrüchte, deren Reife noch während des Laubaustriebes erfolgt. Sie werden vom Wind verbreitet. Berg-Ulmen können bis 400 Jahre alt werden und Stämme von 1–2 m Dicke bilden. Das schön gemaserte Holz der Berg-Ulme ist als Möbelholz geschätzt und unter dem Namen Rüster im Handel.

Flatter-Ulme
Ulmus laevis
Foto unten links: Stamm mit Ausschlägen
Foto unten rechts: Blätter

Fruchtstand

Ulmengewächse, Ulmaceae **Merkmale:** Sommergrüner, reich verzweigter, 10–35 m hoher Baum mit lockerer, gerundeter Krone und graubrauner, längsrissiger Borke. Blätter wechselständig, 10–12 cm lang, mit asymmetrischer, weicher Spreite. Blüten zwittrig, unscheinbar, sich vor der Laubentfaltung öffnend. Flügelfrüchte bis 3,5 cm lang, fädig gestielt, hängend (s. Grafik). Blütezeit: März bis April. **Vorkommen:** Europa; von Mittelfrankreich über Deutschland und Polen bis zum Ural und von Österreich bis Südosteuropa. Fehlt auf den den Britischen Inseln und in weiten Teilen Skandinaviens. In Mitteleuropa im Tiefland und Hügelland. **Besonderheiten:** Die Flatter-Ulme wächst bevorzugt gewässerbegleitend, auf nährstoffreichen, feuchten Böden, so in der Hartholzaue. Sie ist das einzige heimische Gehölz, das in Ansätzen Brettwurzeln ausbilden kann. Charakteristisch sind die zahlreichen, verzweigten Stammausschläge, die teilweise am Jahresende absterben. Die Flatter-Ulme ist vom Ulmensterben weniger bedroht als die Feld-Ulme *(Ulmus minor)*, die bereits auf der »Roten Liste« als »gefährdet« eingestuft ist. Das Ulmensterben wird durch einen Pilz *(Ceratocystis ulmi)* hervorgerufen, der die Gefäße des Holzes verstopft und damit den Wassertransport unterbindet. Übertragen wird dieser Pilz durch Ulmensplintkäfer der Gattung *Scolytus*.

Amerikanischer Zürgelbaum

Celtis occidentalis

Foto oben:
Zweig mit Früchten

Blatt

Ulmengewächse, Ulmaceae **Merkmale:** Sommergrüner, bis 40 m hoher Baum mit sparriger, asymmetrischer, im Alter gerundet-abgeflachter Krone und schwarzgrauer, sich längsrissig aufwölbender, starrer Borke. Blätter wechselständig, weich, mit asymmetrischer Spreite, lang zugespitzt (s. Grafik), 6–12 cm lang. Blüten unscheinbar. Steinfrüchte kugelig, 6–10 mm groß, orangefarben bis braunrot. Blütezeit: April bis Mai. **Vorkommen:** Östliches Nordamerika von Ontario und Quebec bis Oklahoma, Arkansas, Texas, Alabama, North Carolina; in Höhenlagen von 0–1800 m. **Besonderheiten:** Der asymmetrische Spreitengrund weist auf die Verwandtschaft zur Ulme bzw. zu den Ulmengewächsen hin. Die Borke, Kronenform und die Früchte lassen jedoch deutliche Unterschiede zu den heimischen Ulmen erkennen. Handelt es sich bei der Ulme um Flügelnüsse, so sind die kugeligen Gebilde des Zürgelbaumes Steinfrüchte mit einem verholzten Steinkern und fleischigledriger äußerer Fruchtwand. In den wärmeren Teilen Deutschlands ist gelegentlich eine weitere Zürgelbaum-Art, der Südliche Zürgelbaum *(Celtis australis)*, angepflanzt, die im Mittelmeergebiet als Alleebaum eine große Verbreitung hat. Seine Blätter sind nicht weich, sondern derb und rau und gut an Wärme und Lufttrockenheit angepasst.

Weißer Maulbeerbaum

Morus alba

Foto unten:
Zweig mit Früchten

Blatt

Maulbeergewächse, Moraceae **Merkmale:** Sommergrüner, reich verzweigter, 15–20 m hoher Baum mit breit gerundeter Krone und graubrauner, rissiger Borke. Junge Triebe Milchsaft führend. Blätter wechselständig, bis 15 cm lang. Blattrand gesägt (s. Grafik) oder unregelmäßig gelappt. Blüten unscheinbar, in eingeschlechtigen Ständen, einhäusig. Fruchtstände brombeerähnlich, etwa 2 cm lang, weiß bis hellrosa. Blütezeit: Mai. **Vorkommen:** China, Mandschurei, Korea. **Besonderheiten:** Wie bei allen alten Kulturgehölzen ist die natürliche Verbreitung heute nur noch schwer festzustellen. Immerhin wird der Weiße Maulbeerbaum seit rund 4500 Jahren als Futterpflanze für die Raupen des Seidenspinners kultiviert. Im südlichen Europa ist er seit dem 11. Jahrhundert angepflanzt. Zur Laubgewinnung werden die Bäume oder Sträucher stark zurückgeschnitten, so dass ständig neue Rutensprosse – ähnlich wie bei unseren Kopfweiden – gebildet werden. Die Früchte schmecken süßlich-fade. Wesentlich wohlschmeckender sind die des Schwarzen Maulbeerbaumes *(Morus nigra)* aus Vorderasien, die roh oder gekocht in Form von Gelee, Marmelade und Sirup verzehrt werden können, aber auch zur Bereitung von Wein (Vinum moratum) dienen.

Walnussbaum
Juglans regia
Foto oben links: Blatt
Foto oben rechts: Früchte

weibliche Blüte — männlicher Blütenstand

Walnussgewächse, Juglandaceae **Merkmale:** Sommergrüner, breitkroniger, 10–25 m hoher Baum mit starken Ästen und grauer bis graubrauner, genetzter Rippenborke. Fiederblätter wechselständig, 20–50 cm lang, mit 5–9 gerundeten Fiedern. Zerriebene Blätter aromatisch duftend. Blüten eingeschlechtig, einhäusig (s. Grafik); männliche Kätzchen unterhalb der Neutriebe bis 15 cm lang schlaff hängend; weibliche Blüten zu 1–5 am Ende von Jungtrieben. Früchte mit sich lösender Außenschale, 4–6 cm groß. Blütezeit: April bis Mai. **Vorkommen:** Balkan-Halbinsel bis Südwestasien und Iran. In Mitteleuropa wohl nur verwildert oder eingebürgert. **Besonderheiten:** Lohnend ist eine Anpflanzung nur dort, wo während der Blütezeit keine Spätfröste mehr auftreten. Die Blüten werden vom Wind bestäubt, die Früchte von Tieren wie Hähern, Krähen, Eichhörnchen und Siebenschläfern verbreitet. Walnussbäume können über 600 Jahre alt werden.

Schwarznuss
Juglans nigra
Foto unten links:
Blätter und Früchte

Walnussgewächse, Juglandaceae **Merkmale:** Sommergrüner, bis 50 m hoher Baum mit starken Ästen, großer, breiter und gerundeter Krone und graubrauner, tief gefurchter Rippenborke. Fiederblätter bis 60 cm lang, mit 15–19 Fiedern. Blüten eingeschlechtig, einhäusig; männliche Kätzchen 5–10 cm lang. Früchte kugelig, warzig-rau, 4–6 cm groß. Blütezeit: April bis Mai. **Vorkommen:** Östliches Nordamerika. **Besonderheiten:** Die Schwarznuss gelangte schon zu Beginn des 17. Jahrhunderts nach Europa. Sie ist ein schnellwüchsiges Gehölz, das mit etwa 20 Jahren blühfähig wird und zu mächtigen Bäumen mit großen Ästen heranwächst. Die äußere Fruchtschale löst sich nicht ab, sondern verwittert am Boden. Der Steinkern ist sehr hart. Eichhörnchen gelingt es jedoch leicht, ihn anzunagen. Für den Menschen sind die Früchte nicht genießbar.

Kaukasische Flügelnuss
Pterocarya fraxinifolia
Foto unten rechts:
Fruchtstände

Walnussgewächse, Juglandaceae **Merkmale:** Sommergrüner, oft mehrstämmiger, breitkroniger, 20–30 m hoher Baum mit schwarzgrauer, längs hellgefurchter Borke. Fiederblätter wechselständig, 20–60 cm lang mit 11–21 Fiedern von 8–12 cm Länge. Blüten eingeschlechtig, einhäusig; männliche Kätzchen 7–15 cm lang, Fruchtstände bis 45 cm lang, den Winter über mit zahlreichen geflügelten Früchten hängen bleibend. Blütezeit: Mai. **Vorkommen:** Kaukasien bis Nordiran. **Besonderheiten:** Die Kaukasische Flügelnuss gelangte 1782 aus dem Iran nach Europa. Sie ist ein sehr beliebter Parkbaum, der allerdings viel Fläche erfordert, da er zahlreiche Wurzelsprosse bildet, die zu Bäumen auswachsen können.

Schwarz-Erle
Alnus glutinosa
Foto oben links: Borke
Foto oben rechts: Blätter

Fruchtstand

Frucht

Birkengewächse, Betulaceae **Merkmale:** Sommergrüner, meist einstämmiger, 10–25 m hoher Baum mit pyramidaler Krone und bis in die Spitze durchgehendem Stamm mit dunkelgrauer bis schwarzer Schuppenborke. Blätter wechselständig, 5–12 cm lang, glänzend. Blüten eingeschlechtig, einhäusig; männliche Kätzchen 6–12 cm lang und zu 2–5 schlaff hängend; weibliche Kätzchen 2–4 mm lang, zu 15–18 mm großen Fruchtstandszapfen heranreifend (s. Grafik). Blütezeit: März bis April. **Vorkommen:** Europa, mit Ausnahme des zentralen und nördlichen Skandinaviens bis Westsibirien, Westasien und zum Iran. Auf staunassen, sauren, nährstoffreichen Böden. In Mitteleuropa weit verbreitet; vom Flachland bis zu 1200 m in den Alpen. **Besonderheiten:** Die Schwarz-Erle ist ein Charakterbaum der Weichholzaue, der Staunässe und längere Überflutungen verträgt. Sie wächst vergesellschaftet mit Weiden und Pappeln, kommt jedoch auch in der Hartholzaue mit Stiel-Eichen, Ulmen und Eschen vor. Die Blüten werden vom Wind bestäubt, die kleinen geflügelten Früchte vom Wind verbreitet. Schwarz-Erlen können bis 120 Jahre alt werden. Ihre 50–80 cm dicken Stämme liefern ein geschätztes orangefarbenes bis rotbraunes, schimmernd glänzendes Holz. Es wird zur Herstellung von Bleistiften, Zigarrenkisten, als Sperrholz, aber auch für Möbel verwendet.

Grau-Erle
Alnus incana
Foto unten links: Borke
Foto unten rechts: Blätter

männliche und weibliche
(oben) Knospenstände

Birkengewächse, Betulaceae **Merkmale:** Sommergrüner, meist mehrstämmiger, 10–25 m hoher Baum mit pyramidaler Krone und weißgrauer, glatter Borke. Blätter wechselständig, unterseits grau, 5–12 cm lang. Blüten eingeschlechtig, einhäusig; männliche Kätzchen 7–10 cm lang, hängend; weibliche Blütenstände 3–5 mm groß (s. Grafik), zu 13–16 mm großen Zapfen mit zahlreichen, geflügelten Samen auswachsend. Blütezeit: März bis April. **Vorkommen:** Europa bis Kaukasus. Im Norddeutschen Tiefland fehlend. In den Alpen bis 1600 m hoch ansteigend, vorwiegend jedoch in der montanen Höhenstufe von 500–1200 m. **Besonderheiten:** Die Grau-Erle meidet im Unterschied zur Schwarz-Erle Staunässe, verträgt aber kurzzeitige Überschwemmungen. Als raschwüchsiges Gehölz ist sie weit über ihr ursprüngliches Verbreitungsgebiet hinaus angepflanzt und hat sich stellenweise auch eingebürgert. Sie gehört zu den kurzlebigen Gehölzen und wird häufig kaum älter als 50 Jahre. Ihr Holz wird weniger genutzt als das der Schwarz-Erle. Schwarz- und Grau-Erle sind sowohl im Sommer auch als im Winter anhand der Blätter und der Stammfarbe leicht voneinander zu unterscheiden.

Hänge-Birke, Warzen-Birke

Betula pendula

Foto oben links: Habitus
Foto oben rechts:
Blätter und Fruchtstände
Foto unten links: Borke

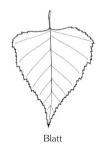

Blatt

Frucht

Birkengewächse, Betulaceae **Merkmale:** Sommergrüner, 10–25 m hoher Baum mit lockerer Krone, überhängenden Zweigen und weißer, später schwarz längsrissiger, tief gefurchter Borke. Blätter wechselständig, lang gestielt mit rautenförmiger, 4–7 cm großer, lang zugespitzter Spreite (s. Grafik). Blüten eingeschlechtig, einhäusig; männliche Kätzchen zu 1–3, frei überwinternd, erblüht bis 10 cm lang hängend; weibliche Kätzchen am Ende junger, beblätterter Triebe. Fruchtstände hängend, mit zahlreichen, 3 mm langen, geflügelten Früchten (s. Grafik). Blütezeit: April bis Mai. **Vorkommen:** Europa mit Ausnahme Nordskandinaviens und der südlichen Teile der 3 Südhalbinseln. In Sibirien bis zum Jennisei; Kaukasus bis Nordiran. In Mitteleuropa vom Norddeutschen Tiefland bis zur Höhe von 1900 m in den Alpen. **Besonderheiten:** Die Hänge-Birke ist ein sehr raschwüchsiges Pioniergehölz. Die Früchte werden vom Wind verbreitet. Jungbäume wachsen bis zum Spätsommer und blühen bereits nach wenigen Jahren. Hänge-Birken werden 90–120 Jahre alt. Die Stämme erreichen 50–80 cm Dicke und liefern ein helles Furnierholz. Den Blutungssaft nutzt man zur Herstellung von Haarwasser. Ein angebohrter Baum liefert pro Tag 5–8 l Saft. Die weiße Farbe der Stämme und Äste kommt durch Betulin zustande, einem Triterpenderivat, das gegen Tierfraß schützt und die Rinde für Nässe undurchlässig und damit wasserdicht macht. In Gärten und Parks sind bisweilen Formen angepflanzt, so die Trauer-Birke (*B. pendula* 'Youngii') und die Schlitzblättrige Birke (*B. pendula* 'Dalecarlica').

Moor-Birke

Betula pubescens

Foto unten rechts: Borke

Blatt

Birkengewächse, Betulaceae **Merkmale:** Sommergrüner, häufig schon vom Grunde an mehrstämmiger, 10–30 m hoher Baum mit lockerer Krone und meist aufrechten Zweigen. Junge Triebe dicht flaumig behaart. Blätter nur kurz zugespitzt (s. Grafik). Stamm schmutzig-weiß, Rinde lange glatt bleibend und sich später in Ringeln ablösend. Sonst der Hänge-Birke sehr ähnlich. Blütezeit: April bis Mai. **Vorkommen:** Europa bis zum Jennisei in Sibirien. In Mitteleuropa vom Norddeutschen Tiefland bis zu 2200 m Höhe in den Alpen; auf feuchten bis staunassen Standorten. **Besonderheiten:** Die Moor-Birke ist sowohl Pioniergehölz als auch Charakterart der Eichen-Birken-Wälder und der nährstoffarmen Birken- und Erlen-Brüche. In den nährstoffarmen Hochmooren wächst sie sehr langsam und bleibt klein.

Hainbuche, Weißbuche

Carpinus betulus

Foto oben links: Borke
Foto oben rechts: Blätter und Fruchtstände

männlicher Blütenstand

Birkengewächse, Betulaceae **Merkmale:** Sommergrüner, reich verzweigter, meist 10–25 m hoher, breitkroniger Baum mit glatter, silbrig-brauner, netzartig gemusterter Borke. Blätter wechselständig, mit 5–10 cm langer, parallelnerviger, doppelt gesägter Spreite. Blüten eingeschlechtig, einhäusig, mit dem Laub erscheinend; männliche Kätzchen seitlich, 4–7 cm lang (s. Grafik); weibliche Stände am Ende junger Triebe, fruchtend 6–15 cm lang. Blütezeit: April bis Mai. **Vorkommen:** Europa bis Nordiran. Von Frankreich und Südengland über Südschweden bis Westrussland und zur Balkan-Halbinsel. In Mitteleuropa vom Norddeutschen Tiefland bis 1000 m Höhe in den Alpen. **Besonderheiten:** Die Hainbuche ist Charakterart des in Mitteleuropa weit verbreiteten Eichen-Hainbuchen-Waldes. Dank ihrer hohen Regenerationsfähigkeit ist sie eines der wichtigsten Niederwaldgehölze und eignet sich sehr gut als Heckengehölz, das jahrzehntelang einen starken Rückschnitt verträgt. Die Hainbuche ist windblütig. Ihre geflügelten Früchte werden sowohl vom Wind als auch durch Tiere verbreitet. Sie erreicht mit 15–20 Jahren ihre Blühreife und kann bis 150 Jahre alt werden. Das Holz ist fest und gut polierbar. Es dient zur Herstellung von Werkzeugstielen, Hackbrettern und Hackklötzen.

Europäische Hopfenbuche

Ostrya carpinifolia

Foto unten: Zweig mit Fruchtständen

Birkengewächse, Betulaceae **Merkmale:** Sommergrüner, bis 20 m hoher, reich verzweigter Baum, mitunter auch nur mehrstämmiger Strauch mit breiter Krone und dunkler Schuppenborke. Blätter wechselständig, elliptisch bis oval, doppelt gesägt, 6–12 cm lang. Blüten eingeschlechtig, einhäusig; männliche Kätzchen zu 3–5 nackt überwinternd, erblüht bis 12 cm lang hängend; weibliche Stände am Ende junger Laubtriebe, 5 cm lang. Nussfrüchte 5 mm groß, in einer blasenartigen Hülle geborgen. Blütezeit: April bis Juni. **Vorkommen:** Süd- und Südosteuropa, Kleinasien, Kaukasus; von Südfrankreich, Italien, Korsika, Sardinien, der Südschweiz über das südliche Österreich bis Griechenland und Bulgarien. Hauptverbreitung im östlichen Mittelmeergebiet. In den Südalpen bis 1300 m hoch ansteigend. **Besonderheiten:** Die Hopfenbuchen spielen in der Waldzusammensetzung Südosteuropas und Kleinasiens eine wichtige Rolle. Ähnlich der Hainbuche verfügen sie über ein gutes Regenerationsvermögen und sind daher Niederwaldgehölze. Die Früchte werden vom Wind, aber auch von Tieren verbreitet. Eichhörnchen verzehren sie gern. Blühende Hopfenbuchen erinnern an blühende Birken. Die Fruchtstände gleichen entfernt denen des Hopfens.

Esskastanie
Castanea sativa
Foto oben: Blütenstände
Foto unten links: Früchte

Blatt

Buchengewächse, Fagaceae **Merkmale:** Sommergrüner, bis 30 m hoher, breitkroniger Baum mit graubrauner, längsrissiger Borke. Blätter wechselständig, 15–30 cm lang und 5–8 cm breit, oberseits glänzend dunkelgrün, am Rand grannenartig gezähnt (s. Grafik). Blüten eingeschlechtig, unscheinbar, in gemeinsamen Ständen; weibliche Blüten zu wenigen basal, männlicher Teil schnurartig verlängert, später abfallend. Früchte 1-samig, 2–3 cm lang, mit brauner, lederiger Schale, zu 1–3 in einem stacheligen Fruchtbecher eingeschlossen. Blütezeit: Juni bis Juli. **Vorkommen:** Europa, Kleinasien, Kaukasus; von Südfrankreich, der Schweiz, Italien, Österreich bis zur Balkan-Halbinsel; in Höhenlagen von 30–1500 m. In Mitteleuropa und Frankreich wohl durch die Römer eingebracht. Im Weinbauklima sich regenerierend und naturnahe Bestände bildend. **Besonderheiten:** Die stark duftenden Blüten werden von Käfern, Fliegen, Bienen und Hummeln aufgesucht, die den reichlich gebildeten Nektar sammeln. Die Früchte werden durch Siebenschläfer, Mäuse, Eichhörnchen, Krähen und Häher verbreitet. Die Samen enthalten vor allem Stärke (43%). Im Mittelmeergebiet sind sie ein wichtiges Nahrungsmittel. Mit 20–25 Jahren werden Esskastanien blühfähig. Sie können ein Alter von 500 Jahren und Stammdicken von über 1 m erreichen.

Baum-Hasel
Corylus colurna
Foto unten rechts: Früchte

Blatt

Birkengewächse, Betulaceae **Merkmale:** Sommergrüner, bis 25 m hoher Baum mit anfangs ebenmäßig pyramidaler, im Alter sehr breiter Krone und grauer bis graubrauner Schuppenborke. Blätter wechselständig, 5–15 cm lang, breit-eiförmig (s. Grafik). Blüten eingeschlechtig, einhäusig; männliche Kätzchenknospen frei überwinternd, erblüht bis 12 cm lang; weibliche Blüten in den Knospen geborgen. Nüsse zu mehreren beieinander, von einer tief eingeschnittenen, drüsigen Hülle umgeben, bis 2 cm lang. Blütezeit: März bis April. **Vorkommen:** Südosteuropa, Kleinasien, Kaukasus bis zum Himalaja; in lichten Laubmischwäldern und an sonnenexponierten Hängen in Höhenlagen von 600–1700 m. **Besonderheiten:** Die Baum-Hasel wird in Mitteleuropa schon seit Mitte des 16. Jahrhunderts angepflanzt. Sie verträgt Lufttrockenheit und Luftverschmutzung. Als frei stehender Parkbaum bildet sie gewaltige Kronen aus, die so hoch wie breit sind. Die Früchte sind zwar kleiner als käufliche Haselnüsse, jedoch sehr wohlschmeckend. Von den Eichhörnchen werden sie bei uns regelrecht abgeerntet. Junge Bäume werden schon mit 10–15 Jahren blühfähig. Die Stämme können über 2 m dick werden.

Rot-Buche

Fagus sylvatica

Foto oben: junge Früchte
Foto unten links: Borke
Foto unten rechts:
Blut-Buche

männlicher
Blütenstand

Fruchtbecher und Frucht

Knospen

Buchengewächse, Fagaceae **Merkmale:** Sommergrüner, 25–40 m hoher Baum mit glatten, silbergrauen, im Bestand langschäftigen Stämmen; im Freistand meist kurzstämmig, breitkronig, mit starken Ästen und fast bis zum Erdboden reichenden Zweigen. Blätter wechselständig, 5–8 cm lang, elliptisch. Blüten unscheinbar, in eingeschlechtigen Ständen, einhäusig. Männliche Stände hängend, vielblütig (s. Grafik), weibliche Stände 2-blütig. Früchte von einem verholzten Becher umhüllt (s. Grafik). Winterknospen lang zugespitzt, 2–3 cm lang (s. Grafik). Blütezeit: April bis Mai. **Vorkommen:** Europa. Von Zentralspanien über Frankreich, Südengland und Südskandinavien bis nach Polen, der Westukraine und der Krim. Im südlichen Europa von Korsika, Italien bis zum mittleren Teil der Balkan-Halbinsel. In Mitteleuropa vom Flachland bis zu 1600 m in den Alpen. **Besonderheiten:** Die Buche ist in Mitteleuropa der wichtigste Waldbaum und bildet in mittleren Gebirgslagen Reinbestände. Vor etwa 4500 Jahren, als in Mitteleuropa in der so genannten Späten Wärmezeit (Subboreal) die Eichen vorherrschten, begann sich das Klima langsam zu verschlechtern. Niedrigere Temperaturen, verbunden mit höheren Niederschlägen, begünstigten das Vordringen der Rot-Buche. Seit etwa 800 v. Chr., dem Beginn der Nachwärmezeit (Subatlantikum) kann man von einer Buchen-Zeit in Mitteleuropa sprechen. Buchen meiden große Temperaturgegensätze und Trockenperioden. Die Niederschläge dürfen nicht unter 500 mm/Jahr absinken. Die Blüten werden vom Wind bestäubt, die Früchte, Bucheckern genannt, werden von Vögeln und Säugetieren verzehrt. Jungpflanzen benötigen nur wenig Licht. Buchen erlangen im Freistand mit 15–20 Jahren ihre Blühfähigkeit. Sie können ein Alter von 300 Jahren und Stammdicken von 1 m erreichen. Das Holz, weißlichgrau bis rötlich getönt, wird zu Schälfurnieren und Sperrholz verarbeitet sowie als Parketthölz und für Sitzmöbel genutzt. In den Parks ist häufig eine rotlaubige Mutante, die Blut-Buche (f. *purpurea*) angepflanzt. Bei ihr ist das Blattgrün durch den im Zellsaft gelösten Farbstoff Anthocyan überlagert. Die Hänge- oder Trauer-Buche (*Fagus sylvatica* 'Pendula') benötigt viel Platz, um ihre breite Krone mit den am Erdboden aufliegenden Zweigen voll entfalten zu können. Ebenfalls in Parks trifft man auf die Süntel-Buche (*Fagus sylvatica* var. *suentelensis*), deren Äste und Zweige knickwüchsig oder schlangenförmig gewunden sind. Weitere häufig angepflanzte Mutanten zeichnen sich durch geschlitzte oder verfärbte Blätter aus.

Stiel-Eiche
Quercus robur

Foto oben:
männliche Blütenstände
Foto unten:
gestielte Fruchtstände

Stiel-Eiche
Kronenform

Trauben-Eiche
Kronenform

Buchengewächse, Fagaceae **Merkmale:** Sommergrüner, 30–40 m hoher, breitkroniger Baum mit mächtigen Ästen und tief gefurchter, graubrauner Rippenborke. Wuchsform der Hauptäste unregelmäßiger, »knorriger« als bei der Trauben-Eiche (vgl. Grafiken). Blätter nur 2–7 mm lang gestielt und mit lederiger, gebuchteter, 10–15 cm langer, oberseits glänzender Spreite; wechselständig. Blüten unscheinbar, in eingeschlechtigen Ständen, einhäusig; männliche Blüten am Grunde von Langtrieben, 2–4 cm lang schlaff hängend; weibliche Blüten am Ende von Jungtrieben, in lang gestielten Ähren zu 1–5. Eicheln 2–3,5 cm lang, vom Fruchtbecher zu 1/3 umhüllt. Blütezeit: April bis Mai. **Vorkommen:** Europa, Nordanatolien, Kaukasus; von Nordportugal, Zentralspanien, Westfrankreich über die Britischen Inseln, Südskandinavien bis zum Ural. In Mitteleuropa weit verbreitet; vom Norddeutschen Tiefland bis zu 1000 m Höhe in den Alpen. **Besonderheiten:** Die Stiel-Eiche verträgt mehr Feuchtigkeit und verlangt weniger sommerliche Wärme als die Trauben-Eiche. Sie ist wichtiger Bestandteil der Hartholzaue. Die am Boden liegenden Eicheln beginnen alsbald zu keimen und entwickeln zunächst eine kräftige Hauptwurzel. Im Frühjahr erscheinen dann die ersten Laubblätter. Die Keimblätter, in denen Nährstoffe gespeichert sind, bleiben im Erdboden. Mit 15–20 Jahren können Stiel-Eichen blühfähig werden. Sie erreichen ein Alter von 500–800 Jahren und können Stämme von 2 m Dicke bilden. Altersbestimmungen lassen sich anhand der Jahresringe durchführen. Diese entstehen dadurch, dass die Gefäße und Zellen einer jährlichen Wachstumsperiode ungleich große Durchmesser haben. Im Frühjahr sind sie großlumig, während die zuletzt gebildeten sehr klein sind, so dass sich deutliche Ringmuster ergeben. Die Jahresringe sind nicht immer gleich dick, da sie in trockenen Jahren schmaler ausfallen als in feuchten. In einem Gebiet weisen alle Stämme einer Art das gleiche Muster auf. Solche Jahresringmuster bilden die Grundlage für <u>dendrochronologische Untersuchungen</u> zur exakten zeitlichen Datierung von Hölzern, seien es Holzplastiken oder römische Schiffsreste. Stiel-Eichen tragen an Blättern, Fruchtständen oder Sprossachsen oft merkwürdige Bildungen, die durch Tiere hervorgerufen werden, so genannte <u>Gallen</u>. Erreger sind vor allem Gallwespen, aber auch zahlreiche andere Insekten. In manchen Jahren werden die Eichen so stark vom Eichenwickler, einem Schmetterling, befallen, dass ganze Wälder kahlgefressen werden. Dass es nicht zu nachhaltigen Schäden kommt, liegt daran, dass die Eichen erneut Blätter bilden, die dann von den Schädlingen verschont bleiben.

Trauben-Eiche
Quercus petraea
Foto oben: Fruchtstand

Kronenform

Buchengewächse, Fagaceae **Merkmale:** Sommergrüner, breitkroniger und langschäftiger (vgl. Grafik), 20–30 m hoher Baum mit graubrauner Rippenborke. Blätter wechselständig, lang gestielt, 10–12 cm groß, oberseits glänzend, mit 5–7 kurzen und engen Blattbuchten. Blüten unscheinbar, in eingeschlechtigen Ständen, einhäusig. Eicheln zu 1–5 sitzend, 2–3 cm lang, im 1. Jahr reifend. Blütezeit: April bis Mai. **Vorkommen:** Europa bis Kleinasien; von Nordspanien über Frankreich, die Britischen Inseln, Südskandinavien, Polen und Südwestrussland bis zur Krim; von der Ebene bis in mittlere Gebirgslagen; nördlich der Alpen bis 700 m. **Besonderheiten:** Die Trauben-Eiche bevorzugt mäßig sommertrockene und wintermilde Klimalagen und meidet Staunässe und hohen Grundwasserstand. Neben der Buche und Stiel-Eiche ist sie das verbreiteteste Laubgehölz in Mitteleuropa. Vielfach wächst sie im Eichen-Hainbuchenwald. Sie war, dank ihres großen Ausschlagvermögens, wichtiger Bestandteil der Niederwälder mit einer Umtriebszeit von 20–30 Jahren. Die langschäftigen Stämme – ein wichtiger Unterschied zur Stiel-Eiche – ergeben ein wertvolles Furnierholz. Um sie astfrei zu halten, werden Buchen zur Beschattung untergepflanzt. Trauben-Eichen können 500–800 Jahre alt werden.

Ungarische Eiche
Quercus frainetto
Foto unten links

Buchengewächse, Fagaceae **Merkmale:** Sommergrüner, breitkroniger, 25–30 m hoher Baum mit fein längsrissiger, hellgrauer Schuppenborke. Blätter 10–20 cm lang, mehrfach tief gelappt. Eicheln zu 2–5, fast sitzend, 2–2,5 cm lang. Blütezeit: April bis Mai. **Vorkommen:** Süditalien, Balkanhalbinsel bis Rumänien und Ungarn, West- und Nordanatolien. **Besonderheiten:** Die Ungarische Eiche ist sehr lichtbedürftig und verträgt gut sommerliche Trockenheit. Anhand ihres schönes Laubes ist sie leicht und unverwechselbar zu erkennen. In Mitteleuropa wird sie seit 1837 angepflanzt.

Rot-Eiche
Quercus rubra
Foto unten rechts: Herbstfärbung

Frucht und Fruchtbecher

Buchengewächse, Fagaceae **Merkmale:** Sommergrüner, breitkroniger, 25–30 m hoher Baum mit glatter Rinde und später dünnschuppiger, grauer Borke. Blätter ledrig, 12–22 cm lang, mit grannenartig auslaufenden Lappen. Eicheln 2–2,5 cm lang, mit flachem Fruchtbecher (s. Grafik). Blütezeit: Mai. **Vorkommen:** Östliches Nordamerika von Nova Scotia und New Brunswick bis Georgia. **Besonderheiten:** Die Rot-Eiche wurde zu Beginn des 18. Jahrhunderts nach Europa eingeführt. Ihre Früchte benötigen bis zur Reife 2 Jahre. Durch die prächtige rote Herbstfärbung ist sie maßgeblich am »Indian Summer« beteiligt.

Sommer-Linde
Tilia platyphyllos
Foto oben

Fruchtstand

Lindengewächse, Tiliaceae **Merkmale:** Sommergrüner, bis 40 m hoher, reich verzweigter Baum mit breiter Krone und längsrissiger, dicht gerippter Borke. Blätter wechselständig, beidseitig weich, behaart, 10–15 cm lang, unterseits mit weißen Achselbärten. Blüten zwittrig, in 2–5-blütigen Ständen, unter den Blättern hängend. Nussfrüchte dickwandig, deutlich gerippt (s. Grafik). Blütezeit: Juni. **Vorkommen:** Europa bis Kleinasien und Kaukasus; in Mitteleuropa vor allem im mittleren und südlichen Teil, in den Nordalpen bis zu einer Höhe von 1000 m. **Besonderheiten:** Die Blüten bilden reichlich Pollen und Nektar, ihr Duft ist besonders abends intensiv. Linden sind wichtige Bienen-Trachtpflanzen. Sommer-Linden können, wie auch Winter-Linden, ein Alter von 1000 Jahren und Stammdicken von 1,5 m erreichen.

Winter-Linde
Tilia cordata
Foto unten links

Stiel

Flügel

Fruchtstand

Lindengewächse, Tiliaceae **Merkmale:** Sommergrüner, breitkroniger, reich verzweigter, 25–30 m hoher Baum mit längsgefurchter, dicht gerippter, schwärzlichgrauer Borke. Blätter 5–15 cm groß, oberseits kahl, unterseits mit rötlichen Achselbärten. Blütenstände 4–10-blütig. Nussfrucht nur schwach gerippt, 5–7 mm groß; Flügel des Fruchtstands mit langem Stiel (s. Grafik). Blütezeit: Juni bis Juli. **Vorkommen:** Europa bis zum Kaukasus; in Mitteleuropa von der Ebene bis zu 1500 m Höhe in den Alpen. **Besonderheiten:** Ab der Blütezeit ist die Winter-Linde schon von weitem an den auf den Blättern liegenden Blüten- bzw. Fruchtständen zu erkennen. Wichtige Unterscheidungsmerkmale zur Sommer-Linde sind die rötliche Farbe der Achselbärte und der nie bis zum Grunde reichende Flügel des Blütenstandes.

Silber-Linde
Tilia tomentosa
Foto unten rechts

Fruchtstand

Lindengewächse, Tiliaceae **Merkmale:** Sommergrüner, bis 30 m hoher Baum mit starken, spitzwinklig aufragenden Ästen, breit pyramidaler Krone und längsrissiger, silbergrauer bis dunkelgrauer Borke. Blätter mit 7–13 cm langer, scharf gesägter und unterseits silbergrauer Spreite. Blüten zu 5–10. Nussfrüchte eiförmig, schwach gerippt, 7–8 mm lang (s. Grafik). Blütezeit: Juli. **Vorkommen:** Südosteuropa, Nordwestanatolien. **Besonderheiten:** Die Silber-Linde blüht etwa 4 Wochen später als die Sommer-Linde. Die Blüten werden, wie bei allen Linden-Arten, von Bienen und Hummeln bestäubt, die Nektar und Pollen sammeln. Die Silber-Linde gelangte 1767 nach Mitteleuropa. Sie wird im Stadtbereich angepflanzt, da sie, anders als die heimischen Linden, Sommer- und Lufttrockenheit gut verträgt.

60

Pyramiden-Pappel
Populus nigra 'Italica'
Foto oben links: Habitus
Foto oben rechts: Laub

Weidengewächse, Salicaceae **Merkmale:** Sommergrüner, 25–30 m hoher Baum mit straff aufrecht wachsenden Ästen und Zweigen sowie im Alter dunkler, tiefrissiger, längsgefurchter Borke. Blätter 3-eckig, oberseits glänzend, 5–12 cm lang. Blüten in eingeschlechtigen, kätzchenartigen Ständen, zweihäusig; männliche Stände 4–6 cm lang. **Vorkommen:** Auf tiefgründigen, nährstoffreichen, feuchten Böden. Angepflanzt vor allem als Alleebaum. **Besonderheiten:** Während die Normalform der Schwarz-Pappel in Mitteleuropa sehr selten geworden und in der »Roten Liste« als gefährdet aufgeführt ist, findet man die Pyramidenform seit dem frühen 18. Jahrhundert vielfach angepflanzt. Es sind nur männliche Bäume in Kultur. Häufig kann man an Blattstielen gedrehte Verdickungen beobachten. Es sind Gallen einer Laus *(Pemphigus spirothecae)*.

Zitter-Pappel, Espe
Populus tremula
Foto unten links

Weidengewächse, Salicaceae **Merkmale:** Sommergrüner, breitkroniger, reich verzweigter, 10–30 m hoher Baum mit tiefrissiger Rippenborke. Blätter 5–12 cm lang. Blüten in eingeschlechtigen, kätzchenartigen Ständen, zweihäusig; männliche Kätzchen 4–10 cm, Fruchtstände bis 12 cm lang, mit zahlreichen, vielsamigen Kapseln. Blütezeit: März bis April. **Vorkommen:** Europa bis Sibirien, Kleinasien, Nordafrika. In Mitteleuropa häufig, von der Ebene bis zu den Alpen in Höhenlagen von 1800 m. **Besonderheiten:** Die Zitter-Pappel ist ein Pioniergehölz, das meist nur 100 Jahre alt wird. Das sprichwörtliche »Zittern wie Espenlaub« beruht auf einer Eigenschaft der Blattstiele, die – im Unterschied zu den meisten anderen Laubblättern – senkrecht zur Spreite abgeflacht sind. Schon bei geringem Luftstrom bewegen sich die Blätter.

Silber-Pappel
Populus alba
Foto unten rechts

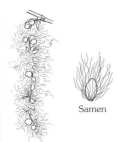

Samen

Fruchtstand

Weidengewächse, Salicaceae **Merkmale:** Sommergrüner, 15–30 m hoher, reich verzweigter, breitkroniger Baum, im Alter mit dicker, längsgefurchter Borke. Blätter wechselständig, 4–8 cm lang, mit gelappter, unterseits weißer Spreite. Blüten in eingeschlechtigen, kätzchenartigen Ständen, zweihäusig, vor der Laubentfaltung blühend; männliche Kätzchen 3–7 cm lang; weibliche etwas kürzer. Die Samen tragen einen Haarschopf (s. Grafik). Blütezeit: März bis April. **Vorkommen:** Europa bis Westsibirien, Westasien, Kaukasus und Himalaja; Nordafrika. In Mitteleuropa vor allem im Oder-, Oberrhein- und Donaugebiet. **Besonderheiten:** Die Silber-Pappel wird mit 10–15 Jahren blühfähig, kann 500 Jahre alt werden und bis 2,5 m dicke Stämme haben. Sie bildet Wurzelsprosse. An ihnen können die Blätter größer sein als in der Baumkrone.

Sal-Weide
Salix caprea

Foto oben links:
Blütenkätzchen
Foto oben rechts:
behaarte Samenstände

Blatt

Weidengewächse, Salicaceae **Merkmale:** Sommergrüner, bis 10 m hoher, nur mäßig verzweigter Baum mit rundlicher Krone und schwarzbrauner, längsrissiger Borke. Blätter wechselständig, breit-oval (s. Grafik), 5–12 cm lang, unterseits hell-filzig behaart. Blütenkätzchen eingeschlechtig, zweihäusig, 3–4 cm lang, sich lange vor dem Laubaustrieb entfaltend. Kapselfrüchte mit zahlreichen schopfig behaarten Samen. Blütezeit: März bis Mai. **Vorkommen:** Europa bis Nord- und Westasien. **Besonderheiten:** Als eines der ersten heimischen Blühgehölze im Jahr ist die Sal-Weide eine wichtige Bienenpflanze, die Nektar und Pollen spendet. Der Nektar enthält in den männlichen Blüten bis zu 69%, in den weiblichen Blüten sogar bis 79% Zucker. Blühende Salweiden genießen als Trachtpflanzen für Bienen Schutz. In Gärten und Parks sind wegen der ansehnlicheren Blüten vor allem männliche Weiden angepflanzt. Ein regelmäßiger Rückschnitt fördert die Ausbildung reichblütiger Rutenzweige. Die Sal-Weide ist ein Pioniergehölz, das Brachflächen innerhalb kurzer Zeit besiedelt. Die leichten, mit einem Haarschopf versehenen Samen können lange in der Luft schweben und viele Kilometer weit transportiert werden. Sie keimen schon nach wenigen Tagen.

Silber-Weide
Salix alba

Foto unten links:
Normalform
Foto unten rechts:
Trauerweide

Blatt

Weidengewächse, Salicaceae **Merkmale:** Sommergrüner, breitkroniger, 10–15 m hoher Baum mit genetzt längsrissiger, graubrauner Borke. Blätter wechselständig, kurz gestielt, mit 6–10 cm langer, unterseits graublauer Spreite (s. Grafik). Blüten mit den Blättern erscheinend, in eingeschlechtigen, kätzchenartigen Ständen, zweihäusig; männliche Stände bis 7 cm; weibliche 5 cm lang, sich zur Reife streckend. Blütezeit: April bis Mai. **Vorkommen:** Europa bis Westasien und zum Himalaja; in Mitteleuropa vor allem im Tiefland und den Stromtälern. **Besonderheiten:** Die Silber-Weide ist Charakterbaum der Weichholzaue. Hier, wo jährliche Überflutungen durch Hochwasser stattfinden und der Boden durch Schlammablagerungen sehr nährstoffreich ist, wächst sie vergesellschaftet mit anderen Weiden-Arten, Pappeln und Erlen. Die Silber-Weide ist raschwüchsig und wird 80–200 Jahre alt. Silber-Weiden wurden früher zur Gewinnung von Ruten alle 2–3 Jahre geschnitten. Ältere Baume erhielten dadurch die bekannte Kopfweiden-Gestalt. In Gärten und Parks häufig angepflanzt ist die Trauer-Weide (*Salix alba* 'Tristis') eine Form mit schlaff hängenden, gelblichen Zweigen. Ähnlich, aber seltener zu sehen ist die Chinesische Trauer-Weide (*Salix babylonica*), die zu Beginn des 18. Jahrhunderts nach Europa kam.

Holz-Apfelbaum
Malus sylvestris

Foto oben links: Blüten
Foto oben rechts: Früchte

Kronenform

Rosengewächse, Rosaceae **Merkmale:** Sommergrüner, bis 10 m hoher Baum mit rundlicher Krone (s. Grafik), überhängenden Zweigen und graubrauner, längsrissiger Schuppenborke. Blätter wechselständig, eiförmig, lang gestielt, mit 6–9 cm großer Spreite. Blüten zwittrig, 3–4 cm breit, weiß, außen rosa getönt. Äpfel etwa 3 cm groß. Blütezeit: April bis Mai. **Vorkommen:** Europa bis Westasien; nach Norden bis zum mittleren Skandinavien, im Süden des Verbreitungsgebietes vor allem in den Gebirgen; in Mitteleuropa vom Tiefland bis zu Höhen von 1100 m in den Alpen. **Besonderheiten:** Die Blüten des Holz-Apfels werden von Insekten, vor allem Bienen, bestäubt. Die reifen, grünen, intensiv duftenden Früchte fallen zu Boden und werden von Säugetieren verzehrt. Hierin unterscheiden sich Holz-Äpfel von zahlreichen angepflanzten so genannten Zieräpfeln, deren Früchte klein und auffallend gefärbt sind und über die Reife hinaus am Baum bleiben. Sie sind duftlos und werden von Vögeln verzehrt. Die Züchtungen begannen schon in der Jüngeren Steinzeit. Kultursorten sind stets dornenlos, haben größere, weniger saure und vitaminhaltige Früchte, die zudem reich an unterschiedlichen Geschmacksstoffen sind.

Wilder Birnbaum
Pyrus pyraster

Foto unten links: Blüten
Foto unten rechts: Früchte

Kronenform

Rosengewächse, Rosaceae **Merkmale:** Sommergrüner, schwach bewehrter, bis 20 m hoher Baum mit lichter, schmaler Krone (s. Grafik) und grauer, kleinfeldrig-schuppiger Borke. Blätter wechselständig, lang gestielt, mit 3–7 cm großer, am Rande fein gesägter, breit-eiförmiger Spreite. Blüten in 3–9-zähligen Doldentrauben, zwittrig, weiß, 2–3,5 cm breit. Früchte 1,5–3,5 cm lang. Blütezeit: April bis Mai. **Vorkommen:** Europa bis Westasien; im Kaukasus bis zu einer Höhe von 2000 m; in Laubmisch- und Auenwäldern. In Mitteleuropa vor allem in Mittel- und Süddeutschland. **Besonderheiten:** Apfel und Birne unterscheiden sich nicht nur in der Fruchtform und im Geschmack des Fruchtfleisches. Die Birne weist, besonders bei den Wildarten, typische verholzte Zellen, so genannte Steinzellen auf. Bei den Kulturbirnen sind diese weitgehend herausgezüchtet. Die Blüten duften und werden von Bienen und Fliegen bestäubt. Säugetiere verzehren die am Erdboden liegenden reifen Früchte. Birnbäume wachsen langsam. Sie können 100–150 Jahre alt werden. Das Holz ist sehr fest. Es wurde früher zur Herstellung von Druckstöcken und Messinstrumenten genutzt. Die Stämme alter Bäume sind oft hohl.

Trauben-Kirsche
Prunus padus
Foto oben links: Blütenstände
Foto oben rechts: Früchte

Rosengewächse, Rosaceae **Merkmale:** Sommergrüner, vom Grunde an oft mehrstämmiger, 8–18 m hoher, locker verzweigter Baum mit überhängenden Ästen und schwarzgrauer, glatter Rinde. Blätter wechselständig, kurz gestielt, mit 6–10 cm langer, am Rand gleichmäßig gesägter Spreite. Blüten zwittrig, weiß, 12–20 mm breit. Früchte schwarzrot, in hängenden Trauben an vorjährigen Zweigabschnitten, kugelförmig, 7–9 mm groß. Blütezeit: Mai bis Juni. **Vorkommen:** Europa. In Mitteleuropa vom Tiefland bis zu 1500 m in den Alpen. **Besonderheiten:** Die Trauben-Kirsche begegnet uns in Auenwäldern. Sie hat duftende Blüten. Aus Nordamerika stammt die ebenfalls häufig angepflanzte Späte Trauben-Kirsche *(Prunus serotina)*. Sie blüht später und hat länglichere, glänzende Blätter.

Vogel-Kirsche
Prunus avium
Foto unten links: Blüten

Ringelborke

Rosengewächse, Rosaceae **Merkmale:** Sommergrüner, meist langschäftiger, bis 30 m hoher Baum mit breiter Krone und anfangs glatter, später durch lange waagerechte Korkwarzen geprägter Ringelborke (s. Grafik). Blätter wechselständig, lang gestielt, mit 7–12 cm langer, regelmäßig gesägter Spreite. Blüten zwittrig, weiß, 2–3 cm breit. Früchte 1 cm groß mit einem einsamigen Steinkern. Blütezeit: April bis Mai. **Vorkommen:** Europa bis zum nördlichen Kleinasien, der Krim und dem Kaukasus. **Besonderheiten:** Die Vogel-Kirsche ist ein Gehölz der Laubmischwälder, das jedoch nur zur Blütezeit und während der Herbstfärbung auffällt. Sie zählt mit ihren meist lachsroten Blättern zu den am intensivsten gefärbten heimischen Gehölzen.

Kirschpflaume
Prunus cerasifera
Foto unten rechts: Blüten der Blutform

Rosengewächse, Rosaceae **Merkmale:** Sommergrüner, breitkroniger, 5–8 m hoher, reich verzweigter Baum mit längsrissiger, schwarzgrauer Borke. Blätter wechselständig, mit länglich-eiförmiger, 5–8 cm großer, am Rande gesägter Spreite. Blüten zwittrig, 2–2,5 cm breit, weiß. Steinfrüchte saftig-fleischig, gelb bis braunrot, 2–3 cm groß. Blütezeit: März bis April. **Vorkommen:** Balkan-Halbinsel bis Südwestsibirien und Afghanistan. **Besonderheiten:** Die Kirschpflaume gelangte über Arabien schon frühzeitig nach Europa. Von den Römern wurden die Früchte sehr geschätzt. Sie sind saftig und können roh oder gekocht gegessen werden. Häufiger als die Normalform wird eine Blutform, *Prunus cerasifera* 'Pissardii' angepflanzt. Sie gelangte um 1880 durch den Obergartenmeister des Schahs, Pissard, aus Täbris nach Frankreich. Als *Prunus pissardii* war sie bald in ganz Europa zu finden.

Japanische Blütenkirsche

Prunus serrulata

Foto oben: gefülltblütige Form

Rosengewächse, Rosaceae **Merkmale:** Sommergrüner, 5–15 m hoher, mäßig verzweigter Baum mit kastanienbrauner, etwas abrollender Ringelborke. Blätter wechselständig, 8–15 cm lang, grannenartig gesägt. Blüten zwittrig, zu 3–7 in Doldentrauben, 3–5 cm breit. Blütezeit: April bis Mai. **Vorkommen:** Japan, China, Korea. **Besonderheiten:** Seit mehreren hundert Jahren werden vor allem in Japan Blütenkirschen gezüchtet. Die Züchtungen unterscheiden sich in der Wuchsform und vor allem in der Blüte. Es gibt einfache, halb gefüllte und gefülltblütige Sorten, bei denen alle Staubblätter zu Blütenblättern umgebildet sind. Das Spektrum der Blütenfarben reicht von reinweiß, cremefarben über hellrosa zu tiefrosa. Da die Form der Gefülltblütigkeit wiederum mit der Blütenfarbe und Wuchsform beliebig kombiniert ist, ergibt sich eine breite Palette. Die Formen führen in der Regel auch in Europa japanische Sortenbezeichnungen. Die Wildform der Japanischen Blütenkirsche ist in Mitteleuropa kaum in Kultur, überhaupt ist über den Ursprung der Formen nicht viel bekannt. Alle Blütenkirschen werden veredelt, meist auf Vogel-Kirschen. Da Unterlage und Edelreis häufig ein unterschiedliches Dickenwachstum haben, kommt an den Veredlungsstellen im Alter zu Harzfluss und krebsartigen Wucherungen, an denen die Bäume sterben.

Higan-Kirsche

Prunus subhirtella 'Autumnalis'

Blatt

Rosengewächse, Rosaceae **Merkmale:** Sommergrüner, oft nahe dem Grunde mehrstämmiger, 5–6 m hoher Baum mit lichter, breiter Krone und durch horizontale Korkwarzenbänder unterbrochene, braune Ringelborke. Blätter wechselständig, 3–8 cm lang, Blattrand einfach oder doppelt gesägt. Blüten weiß, halb gefüllt. Blütezeit: November bis April. **Vorkommen:** Japan. **Besonderheiten:** Die Normalform der Higan-Kirsche gelangte 1895 aus Japan nach England. Sie blüht vom März bis April. Auch in Deutschland ist sie in Gärten und Parks angepflanzt. Weitaus häufiger jedoch ist die Form 'Autumnalis' anzutreffen. Sie ist seit etwa 1900 im Handel. In Japan ist sie bereits seit etwa 1500 bekannt. Das Besondere an dieser Form ist, daß sie witterungsabhängig regelmäßig ab November zu blühen beginnt und sich, wiederum witterungsabhängig, die Blühdauer bis in den April hinein erstrecken kann. Dies kommt daher, daß die Knospen unterschiedlich weit entwickelt sind. Nicht selten kann eine reiche Blüte im Januar oder Februar durch Frost zerstört werden. Es sind dann aber immernoch Knospen vorhanden, die sich später entfalten.

Eberesche
Sorbus aucuparia
Fotos oben links u. rechts

Fiederblatt und Fieder

Rosengewächse, Rosaceae **Merkmale:** Sommergrüner, 5–10 m hoher, locker verzweigter Baum oder mehrstämmiger Strauch mit glatter, später längsrissiger, schwarzgrauer Borke. Fiederblätter wechselständig, 12–15 cm lang, mit 11–15 gesägten Fiedern (s. Grafik). Blüten zwittrig, weiß, in dichten, gewölbten Schirmrispen. Früchte korallenrot, 8–10 mm groß. Blütezeit: Mai bis Juni. **Vorkommen:** Europa bis Kaukasus; in Mitteleuropa vor allem in den Mittelgebirgen. **Besonderheiten:** Die Eberesche ist ein Pioniergehölz, das sich auf Kahlschlägen, unbewirtschafteten Wiesen und Weiden schnell ansiedelt und schon nach wenigen Jahren blühfähig wird. Die Blüten werden von Bienen und Fliegen bestäubt. Die Fruchtverbreitung erfolgt durch Vögel. Ebereschen können 80–100 Jahre alt werden.

Speierling
Sorbus domestica
Foto unten links: Früchte

Fiederblatt und Fieder

Rosengewächse, Rosaceae **Merkmale:** Sommergrüner, 10–20 m hoher Baum mit anfangs pyramidaler, im Alter breiter Krone und kleinschuppiger, grauer Borke. Fiederblätter wechselständig, bis 20 cm lang, mit 13–19 lang gezähnten Fiedern (s. Grafik). Blüten zwittrig, weiß, in 6–10 cm breiten, stumpf-kegelförmigen Rispen. Früchte grünlichgelb, rotbackig, 2–3,5 cm groß. Blütezeit: Mai. **Vorkommen:** Süd- und Südosteuropa bis zur Krim und Nordanatolien. In Mitteleuropa meist nur angepflanzt und verwildert. **Besonderheiten:** Der Speierling ist im Mittelmeergebiet schon lange in Kultur. Die reifen Früchte fallen zu Boden und duften. Sie werden vor allem von Säugetieren verzehrt, die auch die Samen verbreiten. Speierlinge blühen mit 15–20 Jahren und können etwa 150 Jahre alt werden. Die Früchte werden bei der Apfelweinbereitung genutzt, da sie zur Geschmacksbereicherung beitragen.

Mehlbeere
Sorbus aria
Foto unten rechts: Früchte

Rosengewächse, Rosaceae **Merkmale:** Sommergrüner, reich verzweigter, 5–15 m hoher Baum mit ebenmäßig ei- oder kugelförmiger Krone und grauer, längsrissiger Borke. Blätter wechselständig, kurz gestielt, mit breit-elliptischer, 6–8 cm großer, unterseits silbrig behaarter Spreite. Blüten zwittrig, in flach gewölbten Rispen, weiß, 15 mm breit. Früchte orange- bis korallenrot, 10–13 mm lang. Blütezeit: Mai bis Juni. **Vorkommen:** Europa, Nordafrika; in Mitteleuropa vor allem in den Mittelgebirgen; in den Alpen bis zu 1600 m Höhe. **Besonderheiten:** Die Mehlbeere zählt zu den wärmeliebenden Arten. Wegen des attraktiven Austriebes der Blätter, der Früchte und der Herbstfärbung ist die Mehlbeere häufig angepflanzt. Sie erreicht ein Alter von etwa 50–80 Jahren.

Judasbaum

Cercis siliquastrum

Foto oben: Blüten und Hülsenfrüchte

Blatt

Caesalpiniengewächse, Caesalpiniaceae **Merkmale:** Sommergrüner, 5–15 m hoher, mäßig verzweigter, oft mehrstämmiger Baum oder Großstrauch mit aufrechten Ästen und Zweigen und dunkel- bis rotbrauner, fein gefelderter Borke. Blätter wechselständig, rundlich herz- oder nierenförmig (s. Grafik), lang gestielt mit 6–11 cm breiter Spreite. Blüten zwittrig, rosa, vor dem Laubaustrieb erscheinend. Hülsen abgeflacht, braun, 10–12 cm lang. Blütezeit: Mai. **Vorkommen:** Östliches Mittelmeergebiet, von Istrien bis Westasien. **Besonderheiten:** Der Judasbaum ist weit über sein ursprüngliches Verbreitungsgebiet hinaus angepflanzt. Im Weinbauklima Mitteleuropas, wo er ei winterhart ist und seit dem 16. Jahrhundert kultiviert wird, sät er sich selbst aus. Hier erreicht er jedoch nicht die Ausmaße eines Straßenbaumes wie im Mittelmeergebiet. Die Blüten erscheinen an den vorjährigen Zweigen und an Ästen und Stämmen. Diese Stammblütigkeit begegnet uns in Mitteleuropa nicht und im Mittelmeergebiet nur selten, z. B. auch beim Johannisbrotbaum *(Ceratonia siliqua)*, ist in den Tropen aber weit verbreitet. Ein bekanntes Beispiel ist der Kakaobaum *(Theobroma kakao)*. Die Früchte bleiben den Winter über geschlossen am Baum und werden erst im Frühjahr vom Wind losgelöst.

Gleditschie

Gleditsia triacanthos

Foto unten links: Borke mit Dornen
Foto unten rechts: Herbstfärbung

Frucht

Caesalpiniengewächse, Caesalpiniaceae **Merkmale:** Sommergrüner, bis 45 m hoher Baum mit lockerer, im Alter abgeflachter, ausladender Krone und längsrissiger grauer Borke, die mit großen, 3-teiligen Dornen besetzt ist. Blätter einfach oder doppelt gefiedert, bis 20 cm lang. Blüten zwittrig, unscheinbar, in 5–7 cm langen Trauben. Hülsen stark abgeflacht, geschlossen bleibend, glänzend dunkel rotbraun, bis 40 cm lang, schwach sichelförmig gekrümmt und etwas längs gedreht (s. Grafik). Blütezeit: Juni bis Juli. **Vorkommen:** Östliches und mittleres Nordamerika. **Besonderheiten:** Die Gleditschie, benannt nach dem deutschen Botaniker und Freund Linnés, Johann Gottlieb Gleditsch (1714–1786), kam um 1700 nach Europa. Dank ihrer Anspruchslosigkeit, ihrer ornamentalen Gestalt und der glänzenden Früchte, die meist den Winter über am Baum bleiben, ist sie häufig angepflanzt. Da sie Lufttrockenheit gut verträgt, eignet sie sich auch zur Anpflanzung im innerstädtischen Bereich. Als Straßen- oder Alleebaum wird meist eine dornenlose Mutante (f. *inermis*) bevorzugt. An alten Stämmen können die Dornen, von denen in jedem Jahr neue gebildet werden, dichte Büschel bilden.

Robinie
Robinia pseudoacacia

Foto oben links: Blütentrauben
Foto oben rechts: Hülsenfrüchte

Nebenblattdornen

Schmetterlingsblütler, Fabaceae **Merkmale:** Sommergrüner, bis 30 m hoher Baum mit unregelmäßiger, im Alter abgeflachter, lichter Krone und tief gefurchter Rippenborke. Fiederblätter wechselständig, 15–30 cm lang mit ovalen Fiedern und dornig verholzten Nebenblättern (s. Grafik). Blüten zwittrig, weiß, in 10–25 cm langen, hängenden Trauben. Hülsen stark abgeflacht, 5–10 cm lang, geöffnet noch lange am Baum hängend. Blütezeit: Mai bis Juni. **Vorkommen:** Östliches Nordamerika; Appalachen von Pennsylvania bis Nord-Alabama und Nord-Georgia in Höhenlagen von 150–1500 m sowie westlich des Mississippi in Missouri, Arkansas und Oklahoma. **Besonderheiten:** Bereits 1601 gelangte die Robinie durch den Hofgärtner von Ludwig XIII., Jean Robin, von Virginia nach Frankreich. Schon bald war sie in vielen Teilen Europas verbreitet. Die Robinie ist das Gehölz, welches sich als Neubürger (Neophyt) am weitesten in Europa verbreitet und eingebürgert hat. Da Robinienwurzeln mit stickstoffbindenden Bakterien in Symbiose leben, kommt es zu einer Nährstoffanreicherung im Boden, welche die Krautschicht beeinflusst und zu einer massiven Florenverfälschung führt. Robinienblüten bilden reichlich Nektar, der 34–59 % Zucker enthält. Die reifen Hülsen bleiben geöffnet noch lange am Zweig. Die Fruchthälften werden mit den Samen vom Wind verbreitet.

Japanischer Perlschnurbaum
Sophora japonica

Foto unten links: Blütenstände
Foto unten rechts: Früchte

Frucht

Schmetterlingsblütler, Fabaceae **Merkmale:** Sommergrüner, rund- und breitkroniger, bis 25 m hoher Baum. Zweige dunkelgrün, kahl, mit wechselständigen, unpaarig gefiederten Blättern. Fiedern 7–15, elliptisch bis oval. Blüten gelblich weiß, 10–15 mm lang, in 15–25 cm langen, reichverzweigten Ständen. Früchte 5–8 cm lang, zwischen den Samen eingeschnürt (Name! s. Grafik). Blütezeit: August. **Vorkommen:** Nord- und Mittelchina, Korea. **Besonderheiten:** Der Japanische Perlschnurbaum gehört zu den wenigen im Hochsommer blühenden Laubgehölzen. Blüten werden in jedem Jahr sehr reich gebildet, so dass die Bäume während einiger Wochen hell gefärbt sind. Blütenbesucher sind vor allem Bienen. Die Früchte erreichen zwar ihre normale Größe, reifen aber, anders als im Mittelmeergebiet, wo der Baum häufig als Alleebaum angepflanzt ist, in Mitteleuropa nicht aus. Sie bleiben geschlossen und werden zur Reife weich. Der Perlschnurbaum gelangte 1747 durch den französischen Missionar Pierre Nicholas d'Incarville (1706–1757) aus Nordchina nach Frankreich. Der Name täuscht, in Japan ist der Perlschnurbaum zwar häufig angepflanzt, aber nicht beheimatet.

Schmalblättrige Ölweide

Elaeagnus angustifolia

Foto oben links: Blätter und Blüten

Frucht

Ölweidengewächse, Elaeagnaceae **Merkmale:** Sommergrüner, oft dornig bewehrter, bis 7 m hoher, breitkroniger Baum mit überhängenden Ästen und Zweigen sowie flach längsrissiger Streifenborke. Blätter wechselständig, schmal-lanzettlich, silbrig weiß. Blüten zwittrig oder männlich, 8–10 mm lang, außen silbrig, innen gelb, zu 2–3 in den Blattachseln. Frucht steinfruchtartig, elliptisch (s. Grafik), 7–14 mm lang. Blütezeit: Mai bis Juni. **Vorkommen:** Mittelmeergebiet (ohne Italien), Klein- und Westasien bis zum Altai-Gebirge. **Besonderheiten:** Die Schmalblättrige Ölweide ist ein sehr lichtbedürftiges Gehölz, sonst aber anspruchslos. Sie wird wegen der schönen Laubfärbung häufig angepflanzt. Bemerkenswert ist der intensive, vor allem in den Abendstunden schon von weitem wahrnehmbare Duft.

Taschentuchbaum

Davidia involucrata

Foto oben rechts: Blätter und Blüten

Frucht

Tupelogewächse, Nyssaceae **Merkmale:** Sommergrüner, 15–25 m hoher, locker verzweigter Baum mit kegelförmiger Krone und dunkel graubrauner Schuppenborke. Blätter wechselständig, herzförmig, lang zugespitzt, bis 15 cm lang. Blüten von 2 ungleich großen, weißen, schlaff hängenden, bis 15 cm langen Hochblättern umgeben. Steinfrucht elliptisch (s. Grafik), ca. 3 cm lang. Blütezeit: Mai bis Juni. **Vorkommen:** Mittel- bis Westchina; West-Hubei, West-Sichuan. **Besonderheiten:** Der Tauben- oder Taschentuchbaum wurde nach dem französischen Missionar Jean Pierre Armand David (1826–1900) benannt, der den Baum 1869 entdeckte. Nach Europa gelangte das erste Saatgut 1897, wiederum durch einen französischen Missionar (und Pflanzensammler), Paul Guillaume Farges. Die weißen Hochblätter sehen aus, als seien sie wie Taschentücher zum Trocknen aufgehängt.

Essigbaum, Hirschkolben-Sumach

Rhus typhina

Foto unten: Herbstfärbung

Sumachgewächse, Anacardiaceae **Merkmale:** Sommergrüner, Ausläufer bildender, 5–10 m hoher, schwach verzweigter Baum mit samtig behaarten Zweigen. Fiederblätter 40–50 cm lang mit 11–31 Fiedern. Blüten unscheinbar, grünlich, eingeschlechtig, zweihäusig verteilt, in 15–20 cm langen, kolbenartigen Ständen. Fruchtstände rot. Blütezeit: Juni bis Juli. **Vorkommen:** Östliches und mittleres Nordamerika. **Besonderheiten:** Der Essigbaum gelangte schon 1629 nach Europa. Das an den Boden sehr anspruchslose, aber lichtbedürftige Gehölz wird gern angepflanzt wegen seiner ornamentalen, roten Fruchtstände – daher sind vor allem weibliche Exemplare zu sehen – und der prächtigen, orange- bis scharlachroten Herbstfärbung.

Berg-Ahorn

Acer pseudoplatanus
Foto oben: Blätter und Blütenrispen

Frucht

Ahorngewächse, Aceraceae **Merkmale:** Sommergrüner, bis 30 m hoher, breitkroniger Baum mit starken Ästen, meist nur kurzem Stamm und graubrauner Schuppenborke. Blätter gegenständig, lang gestielt, mit 10–20 cm breiter, 5-lappiger, derber Spreite. Blüten zwittrig oder eingeschlechtig, gelbgrün, in hängenden Rispen, mit den Blättern erscheinend. Die beiden Fruchtflügel einen rechten bis spitzen Winkel miteinander bildend (s. Grafik). Blütezeit: April bis Mai. **Vorkommen:** Europa; von Portugal bis Polen und zur Ukraine, fehlt auf den Britischen Inseln und in Skandinavien. Von der Hügelstufe bis zu 1640 m Höhe in den Alpen. **Besonderheiten:** Der Berg-Ahorn steigt von allen heimischen Arten am höchsten im Gebirge, wo er gebietsweise die Baumgrenze bildet. Er benötigt eine hohe Luftfeuchtigkeit. Im innerstädtischen Bereich werden die Blätter bei Trockenheit braunrandig. Sie sind unterseits häufig mit Läusen und Zikaden besetzt, die die Leitbündel anzapfen und klebrigen, zuckerhaltigen Kot ausscheiden. Der Berg-Ahorn ist mit 20–25 Jahren blühfähig, erreicht ein Lebensalter von über 500 Jahren und bildet bis 3 m dicke Stämme.

Spitz-Ahorn

Acer platanoides
Foto unten links: Blütenrispen
Foto unten rechts: Blätter und Früchte

Frucht

Ahorngewächse, Aceraceae **Merkmale:** Sommergrüner, breitkroniger, 20–30 m hoher Baum mit starken Ästen und kahlen, Milchsaft führenden jungen Zweigen. Borke längs gerippt, schwarzbraun. Blätter gegenständig, lang gestielt, Spreite 5-lappig, weich, bis 18 cm breit, die Lappen grannenartig zugespitzt. Blüten vor den Blättern erscheinend, zwittrig oder eingeschlechtig, gelblichgrün, in gerundeten Rispen. Flügel der Früchte einander fast gegenüberstehend (s. Grafik). Blütezeit: April bis Mai. **Vorkommen:** Europa bis zum Ural, Kaukasus und Nordiran; vom Tiefland bis zu 1000 m in den Gebirgen. Auf nährstoffreichen Böden in Auen- und Laubmischwäldern. **Besonderheiten:** Der Spitz-Ahorn ist ein Gehölz, das nur im Freistand seine Krone voll entfalten kann und dessen Blüten hier voll zur Geltung kommen. Mit 15–20 Jahren ist er blühfähig. Bei einer Lebensdauer von etwa 150 Jahren erreichen die Stämme eine Dicke von 1 m. Das Holz ist wertvoll, rötlich getönt und schön gemasert und somit in der Tischlerei und als Möbelholz geschätzt. Die Blüten sondern reichlich Nektar ab und werden von Insekten, vor allem Bienen, bestäubt. Groß ist die Zahl der angepflanzten Kulturformen. Als Alleebaum ist häufig die Sorte 'Faasen's Black' mit dunkel purpurbraunen Blättern zu sehen. Auch die Form 'Globosum' mit kugelförmiger Krone ist als Straßenbaum beliebt.

Feld-Ahorn
Acer campestre
Foto oben:
Blätter und Früchte

Blatt

Ahorngewächse, Aceraceae **Merkmale:** Sommergrüner, reich verzweigter, 10–15 m hoher Baum mit gerundeter Krone und grau- bis schwarzbrauner, kleinfeldriger Schuppenborke. Blätter 7–15 cm lang, gegenständig, 5-lappig (s. Grafik). Blüten gelbgrün, zwittrig oder eingeschlechtig, mit den Blättern erscheinend; Kelch- und Kronblätter fast gleichgestaltet. Früchte mit 2 einander gegenüberstehenden Flügeln. Blütezeit: Mai. **Vorkommen:** Europa bis Nordanatolien, Kaukasus und Nordiran. In Mitteleuropa, mit Ausnahme des norddeutschen Flachlandes, vom Tiefland bis in Gebirgslagen von 1000 m Höhe. **Besonderheiten:** Der Feld-Ahorn ist ein raschwüchsiges Gehölz und wird mit 15–20 Jahren blühfähig. Er erreicht ein Alter von etwa 150 Jahren und Stammdicken bis 1 m.

Silber-Ahorn
Acer saccharinum
Foto unten links: Blattober- und -unterseite

Frucht

Ahorngewächse, Aceraceae **Merkmale:** Sommergrüner, bis 40 m hoher, zuweilen mehrstämmiger Baum mit breiter Krone und flachschuppiger, grauer Borke. Blätter 5-lappig, unterseits silbrig behaart. Blüten unscheinbar, lange vor dem Laubaustrieb erscheinend, eingeschlechtig, einhäusig. Blütezeit: Februar bis März. **Vorkommen:** Östliches und mittleres Nordamerika von Quebec und Minnesota bis Nebraska, Kansas und Florida. **Besonderheiten:** Der Silber-Ahorn, seit 1725 in Europa in Kultur, ist ein sehr raschwüchsiges Gehölz, das mit 10–15 Jahren blühfähig, jedoch kaum älter als 125–140 Jahre alt wird und Stammdicken bis zu 1 m erreicht. Die Blüten entwickeln sich schon im Mai bis Juni zu reifen Früchten (s. Grafik). Bei der Anpflanzung wird häufig nicht beachtet, dass der Silber-Ahorn kalkunverträglich ist. Es kommt zu einer Gelbfärbung der Blätter, mitunter sogar zum Absterben.

Eschen-Ahorn
Acer nedundo
Foto unten rechts: Blätter und Früchte

Fiederblatt

Ahorngewächse, Aceraceae **Merkmale:** Sommergrüner, 15–20 m hoher Baum mit breit ausladender Krone, kahlen, bereiften Zweigen und graubrauner, längsrissiger Borke. Fiederblätter gegenständig, mit 3 oder 5 grob gesägten Fiedern (s. Grafik). Blüten unscheinbar, eingeschlechtig, zweihäusig verteilt. Männliche Blüten schlaff hängend. Früchte ca. 3 cm lang. Blütezeit: März bis April. **Vorkommen:** Nordamerika; von Alberta und Manitoba bis Texas und Florida. Im mittleren Westen und Westen zerstreut. **Besonderheiten:** Der Eschen-Ahorn ist das in Nordamerika am weitesten verbreitete Laubgehölz. Das erste Saatgut gelangte 1688 nach Europa. Junge Bäume blühen bereits nach wenigen Jahren. Die raschwüchsigen Bäume werden jedoch kaum älter als 100 Jahre. Die Früchte bleiben meist den Winter über am Baum.

Gemeine Rosskastanie

Aesculus hippocastanum
Foto oben links: Blütenstände
Foto oben rechts: Früchte

Fiederblatt

Rosskastaniengewächse, Hippocastanaceae **Merkmale:** Sommergrüner, breitkroniger, bis 25 m hoher Baum mit kräftigen Ästen und graubrauner Schuppenborke. Fiederblätter gegenständig, lang gestielt, mit 5–7 handförmig angeordneten, 10–20 cm langen Fiedern (s. Grafik). Blüten zwittrig oder männlich, weiß mit gefärbtem Saftmal, in endständigen, 20–30 cm langen, aufrechten Ständen. Früchte grün, bestachelt, 5–6 cm dick, mit 1–3 Samen. Blütezeit: April bis Mai. **Vorkommen:** Nördliche Balkan-Halbinsel; Albanien, Mazedonien, Ostbulgarien und Nordgriechenland. **Besonderheiten:** Saatgut der Gemeinen Rosskastanie gelangte 1576 aus Konstantinopel nach Wien. Das natürliche Verbreitungsgebiet blieb lange unbekannt. Erst 1879 entdeckte man die Gemeine Rosskastanie am natürlichen Standort in Nordgriechenland, 1907 in Bulgarien. Längst hat sie sich in Mitteleuropa eingebürgert. Blütenbesucher sind Bienen und Hummeln. Die Blüten besitzen ein Saftmal, das sich von gelb nach ziegelrot verfärbt. Die Samen haben 2 dicke Keimblätter, in denen Nährstoffe gespeichert werden. Im Unterschied zur Esskastanie lassen sich die Samen der Rosskastanie nicht nutzen, da sie Saponine, Bitter- und Gerbstoffe enthalten. Seit einigen Jahren wird die Gemeine Rosskastanie von einer Miniermotte befallen, deren Larven das Assimilationsgewebe der Blätter verzehren.

Rote Rosskastanie

Aesculus x carnea
Foto unten

Fiederblatt

Rosskastaniengewächse, Hippocastanaceae **Merkmale:** Sommergrüner, breitkroniger, 15–20 m hoher Baum mit rotbrauner bis grauschwarzer Schuppenborke. Fiederblätter gegenständig, lang gestielt, mit 5 langen, handförmig angeordneten Fiedern (s. Grafik) von 10–20 cm Länge. Blüten zwittrig oder männlich, fleischrosa bis rot, in 10–20 cm langen, aufrechten Ständen. Früchte kaum bestachelt. Blütezeit: Mai. **Vorkommen:** Auf nährstoffreichen und feuchten Böden. Häufig als Straßen- oder Alleebaum sowie in Parks angepflanzt. **Besonderheiten:** Die Rote Rosskastanie ist ein Bastard. Eltern sind die weißblütige Gemeine Rosskastanie und die nordamerikanische, rot blühende Pavie *(Aesculus pavia)*. Früchte werden nur selten gebildet, die Samen sind jedoch keimfähig und die Nachkommen gleichen dem Bastard. Über die Herkunft der Roten Rosskastanie wissen wir wenig. Sie entstand um 1818. Vermehrt werden die Bäume durch Veredlungen auf die Gemeine Rosskastanie. Während die Gemeine Rosskastanie seit kurzem von einer Miniermotte befallen wird und ihre Blätter vorzeitig vergilben, bleibt die Rote Rosskastanie von diesem Schädling verschont.

Blasenesche
Koelreuteria paniculata
Foto oben: Früchte

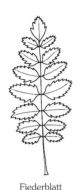

Fiederblatt

Seifenbaumgewächse, Sapindaceae **Merkmale:** Sommergrüner, 6–15 m hoher Baum mit lockerer, gerundeter Krone und selten geradem Stamm mit graubrauner, gerippter Borke. Fiederblätter wechselständig, bis 30 cm lang, mit 7–15 kerbig gesägten, 3–8 cm langen Fiedern (s. Grafik). Blüten zwittrig, gelb, 10 mm breit, in bis 50 cm langen, breiten, endständigen Rispen. Früchte blasenartig, 4–5 cm groß, mit 3 schwarzen, 7–8 mm großen Samen. Blütezeit: Juli bis August. **Vorkommen:** China, Korea; in Höhenlagen von 1800–2600 m. **Besonderheiten:** Die Blasenesche wurde nach dem Karlsruher Botaniker Joseph Gottlieb Koelreuter (1733–1806) benannt. Sie gelangte 1763 nach Europa. Sie ist ein sehr lichtbedürftiger Baum, der regelmäßig blüht und fruchtet. Sie eignet sich auch zur Anpflanzung im innerstädtischen Bereich, da sie Lufttrockenheit und höhere Temperaturen verträgt. Die ornamentalen, sich von grün nach hellbraun verfärbenden Früchte zerfallen bei der Reife in 3 einsamige Teile. Die Samen keimen sehr gut. Die Bäume sind schädlingsfrei.

Götterbaum
Ailanthus altissima
Foto unten:
Fiederblätter und Früchte

Frucht

Bitterholzgewächse, Simaroubaceae **Merkmale:** Sommergrüner, 20–25 m hoher, mäßig verzweigter Baum mit breiter Krone und hell längsstreifig gemusterter, fast glatter Borke. Fiederblätter wechselständig, 45–75 cm lang, mit 13–25 Fiedern von 7–12 cm Länge, zerrieben streng duftend. Blüten unscheinbar, zwittrig oder eingeschlechtig, in reich verzweigten, endständigen Rispen. Flügelfrüchte an der Spitze gedreht (s. Grafik), ca. 5 cm lang, mit einem zentralen Samen. Blütezeit: Juni bis Juli. **Vorkommen:** Mittel- und Nordchina; in Höhenlagen bis 1000 m. **Besonderheiten:** Der Götterbaum gelangte durch Pierre d'Incarville, der auch den japanischen Perlschnurbaum in Europa einführte (s. S. 76), 1751 als Saatgut aus Nordchina nach Europa. Der Götterbaum ist ein außerordentlich raschwüchsiger Baum, der schon nach wenigen Jahren blühfähig wird. Die Blüten bilden reichlich Nektar und Pollen. Honigbienen sind wichtige Blütenbesucher. Die Früchte, die sich von gelbgrün über grün und gelb nach lachsrot umfärben und so die Bäume über mehrere Monate zieren, lösen sich erst spät vom Baum. Sie benötigen eine höhere Keimungstemperatur. Jungpflanzen keimen oft an Mauern, Hauswänden oder zwischen Steinen, die sich bei Sonneneinstrahlung erwärmen. Die Bäume sind windbruchgefährdet und werden oft nicht älter als 50–70 Jahre. Die Fiedern der Blätter tragen am Grunde Drüsen. Zerriebene Blätter duften unangenehm. In Mitteleuropa ist der Götterbaum schädlingsfrei.

Stinkesche
Evodia hupehensis
Foto oben: Blütenrispen

Frucht

Rautengewächs, Rutaceae **Merkmale:** Sommergrüner, 6–20 m hoher, vom Grunde an oft mehrstämmiger, breitkroniger Baum mit glatter grauer Borke. Fiederblätter gegenständig, 15–25 cm lang, mit 7 oder 9 Fiedern von 6–12 cm Länge. Blüten klein, zwittrig, weiß, in 8–15 cm breiten, gerundeten, endständigen Rispen. Kapselfrüchte 5–8 mm lang (s. Grafik), mit schwarzen, glänzenden Samen. Blütezeit: Juni bis Juli. **Vorkommen:** Mittelchina (Hubei); in Höhenlagen von 300–1000 m. **Besonderheiten:** Die Stinkesche führt ihren Namen wegen des intensiven Geruches der Blüten und der zerriebenen Blätter. Sie benötigt einen freien, vollsonnigen Standort, um ihre Krone voll entfalten zu können. Zur Blütezeit wird sie so stark von Bienen aufgesucht, daß man schon von weitem das intensive Summen hört. Die Früchte öffnen sich und exponieren die glänzenden Samen, die von Vögeln verzehrt werden. Sie keimen sehr gut, die jungen Bäume wachsen schnell und gelangen schon nach wenigen Jahren zur Blüte. Nach Europa gelangte die Stinkesche 1907. Bei uns angepflanzt sind noch 2–3 weitere, sehr ähnliche Arten, die sich vor allem durch ihre Behaarung unterscheiden.

Trompetenbaum
Catalpa bignonioides
Foto unten links:
Blütenrispe
Foto unten rechts:
Kapselfrüchte

Samen

Klettertrompetengewächse, Bignoniaceae **Merkmale:** Sommergrüner, 15–20 m hoher, oft mehrstämmiger, breitkroniger Baum mit kurzem Stamm und grauer Borke. Blätter zu dritt, bis 20 cm lang und 15 cm breit, ganzrandig oder schwach gelappt. Blüten in großen Rispen, glockenförmig, 3–5 cm lang, weiß mit purpurfarbenen Schlundflecken. Kapselfrüchte schmal, bis 40 cm lang, mit abgeflachten, beidendig faserig ausgefransten Samen (s. Grafik). Blütezeit: Juni bis Juli. **Vorkommen:** Südöstliches Nordamerika; Louisiana bis Florida. **Besonderheiten:** Der Trompetenbaum ist während der Blütezeit über und über mit Blüten bedeckt und weiß gefärbt. Blütenbesucher sind Bienen und Hummeln. Die Früchte bleiben den Winter über am Baum hängen und öffnen sich erst im Frühjahr. Die Samen sind mit keiner anderen Gehölzgattung zu verwechseln. Trompetenbäume verjüngen sich bei uns nicht selbst. Nach Europa gelangte der Trompetenbaum durch den englischen Naturforscher Mark Catesby 1726. Er ist heute fast in jedem Park angepflanzt und benötigt einen vollsonnigen und freien Standort, um sich voll entfalten zu können. Die Blätter fallen ohne Herbstfärbung. Als Straßen- und Kübelbaum ist häufig eine kleinkronige, hochstämmig veredelte Form ('Nana') anzutreffen. Die Form 'Aurea' hat im Austrieb goldgelbe Blätter, die später mehr oder weniger stark vergrünen.

Gemeine Esche
Fraxinus excelsior
Foto oben links: Blütenstände
Foto oben rechts: Früchte

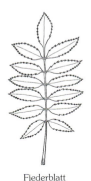

Fiederblatt

Ölbaumgewächse, Oleaceae **Merkmale:** Sommergrüner, langschäftiger, 25–40 m hoher, nur mäßig verzweigter Baum mit längsrissiger, breit gerippter, grauer Borke. Fiederblätter gegenständig, 20–35 cm lang, mit 3–13 Fiedern (s. Grafik). Blüten unscheinbar, zwittrig oder eingeschlechtig, in seitenständigen Rispen. Früchte geflügelt, nach der Reife noch lange am Baum hängend. Blütezeit: Mai. **Vorkommen:** Europa bis Nordanatolien, Kaukasus und Nordiran; vom Tiefland bis zu 700 m in den Mittelgebirgen und 1400 m in den Alpen. In Auen-, Laubmisch- und Schluchtwäldern. **Besonderheiten:** Die Gemeine Esche ist einer unserer höchsten Laubbäume. Die Blüten fallen kaum ins Auge. Früchte werden meist nur alle 2 Jahre gebildet. Eschen sind raschwüchsig. Sie können bis 200 Jahre alt werden. Häufig kann man bei einzelnen Bäumen schwarze, unregelmäßig geformte Bildungen beobachten, die auch im Winter nicht abfallen. Es sind durch Milben hervorgerufene Blütenstandsgallen. Früchte werden nicht gebildet. Merkwürdigerweise können neben befallenen Bäumen gesunde, reich fruchtende Eschen stehen. Das Holz der Esche ist sehr geschätzt und wird zu Furnieren verarbeitet. Mitunter angepflanzt ist eine Trauerform ('Pendula') mit bogenförmig abwärts gerichteten Zweigen. Eine weitere Mutante hat Blätter mit nur einer einzigen, stark vergrößerten Fieder.

Manna-Esche
Fraxinus ornus
Foto unten: Blütenstand und Fiederblätter

Ölbaumgewächse, Oleaceae **Merkmale:** Sommergrüner, 10–15 m hoher, oft vom Grunde an mehrstämmiger Baum mit rundlicher, dichter Krone und warziger, dunkler Borke. Fiederblätter gegenständig, mit 7–9 Fiedern. Blüten zwittrig, weiß, in großen endständigen Rispen. Früchte geflügelt, 3–4 cm lang. Blütezeit: April. **Vorkommen:** Südliches Europa, Kleinasien bis Syrien. Nördliche Verbreitungsgrenze in der Steiermark, Kärnten, Südtirol, Tessin; in Südtirol bis 1500 m Höhe. In Mitteleuropa nur angepflanzt. **Besonderheiten:** Die Manna-Esche gehört zu den sogenannten Blumenesche. Anders als bei der Gemeinen Esche sind Blütenblätter vorhanden. Die Blüten erscheinen mit den Blättern und duften intensiv. Manna-Eschen sind sehr lichtbedürftig und vertragen gut sommerliche Hitze und Trockenheit. Auch im laublosen Zustand lassen sich Gemeine und Manna-Esche leicht unterscheiden. Erstere hat schwarze, letztere graubraune Knospen. Aus dem an der Luft eintrocknenden Blutungssaft der Rinde wurde früher Mannose gewonnen. Sie enthält Mannit und Zucker, duftet honigartig und schmeckt süßlich. Verwendet wurde sie als Husten- und gelindes Abführmittel.

Gemeiner Flieder
Syringa vulgaris
Foto oben: Blütenrispen

geöffnete Frucht

Ölbaumgewächse, Oleaceae **Merkmale:** Sommergrüner, bis 6 m hoher Baum oder Großstrauch mit gabelig verzweigten Ästen und längsrissiger, grauer Borke. Blätter gegenständig, herzförmig, ganzrandig, 6–12 cm lang. Blüten zwittrig, in großen Rispen, mit langer Kronröhre, bei der Wildform lila. Kapselfrüchte bis 1,5 cm lang (s. Grafik). Blütezeit: April bis Mai. **Vorkommen:** Gebirge Südosteuropas; Rumänien, Bulgarien, Serbien, Mazedonien, Albanien und Nordgriechenland. **Besonderheiten:** Der Gemeine Flieder gelangte 1560 aus Konstantinopel über Wien nach Deutschland. Er ist schnell heimisch geworden und kann sich mit seinen Ausläufern gut ausbreiten. Am heimatlichen Standort besiedelt er sonnenexponierte Felshänge und hat sich in Mitteleuropa auf flachgründigen, im Sommer leicht austrocknenden Standorten angesiedelt. Es gibt zahlreiche Züchtungen, sodass das Farbspektrum von weiß bis tiefviolett reicht und es auch gefüllt blühende Formen gibt. Bestäubt werden die Blüten nur von langrüsseligen Insekten, z. B. Schmetterlingen; Honigbienen sind nicht in der Lage, an den Nektar zu gelangen.

Blauglockenbaum
Paulownia tomentosa
Foto unten links: Blütenstand
Foto unten rechts: Früchte

Blatt

Braunwurzgewächse, Scrophulariaceae **Merkmale:** Sommergrüner, breitkroniger, locker verzweigter, 12–15 m, selten bis 25 m hoher Baum mit dicken Ästen, dickem Stamm und graubrauner, netzartig strukturierter Borke. Blätter lang gestielt mit bis 30 cm langer und breiter Spreite (s. Grafik). Blütenstände schon im Herbst ausgebildet. Blüten zwittrig, röhrenförmig, 4–6 cm lang, lila bis blauviolett. Kapselfrüchte bis 4 cm lang. Blütezeit: Mai. **Vorkommen:** Mittelchina in den Provinzen Hubei, Hunan und Jiangxi. **Besonderheiten:** Die zahlreichen Blüten des Blauglockenbaumes entfalten sich vor dem Laubaustrieb. Anfang Januar werden die Samen aus den sich öffnenden Kapseln entlassen. Sie sind geflügelt und werden vom Wind weit verweht. Die Samen benötigen eine hohe Keimungstemperatur, weshalb man Jungpflanzen wohl in Pflasterspalten, nicht aber im normalen Erdboden findet. Sie wachsen sehr schnell und sind schon nach wenigen Jahren blühfähig. Junge Bäume können pro Tag mitunter 5 cm wachsen und bilden Blätter von 1 m Durchmesser. Da das Wachstum bis zum Herbst anhält und die Triebe nicht ausreifen, frieren die Spitzen meist stark zurück. Die Lebensdauer beträgt oft nur 60–70 Jahre. Der Blauglockenbaum ist in Mitteleuropa seit 1834 in Kultur und nach Anna Pawlowna (1795–1865), einer Tochter des russischen Zaren Paul I. benannt.

Register

Deutsche Namen

Ahorn, Berg- 80
– Eschen- 82
– Feld- 82
– Silber- 82
– Spitz- 80
Amberbaum, Amerikanischer 38
Apfelbaum, Holz- 66

Berg-Ahorn 82
Berg-Ulme 40
Birke, Hänge- 48
– Moor- 48
– Warzen- 48
Birnbaum, Wilder 66
Blasenesche 86
Blauglockenbaum 92
Blütenkirsche, Japanische 70
Buche, Blut- 54
– Hänge- 54
– Rot- 54
– Süntel- 54
– Trauer- 54

Douglasie 24

Eberesche 72
Eibe, Gemeine 34
Eiche, Rot- 58
– Stiel- 56
– Trauben- 58
– Ungarische 58
Erle, Grau- 46
– Schwarz- 46
Esche, Gemeine 90
– Manna- 90
Eschen-Ahorn 82
Espe 62
Essigbaum 78
Esskastanie 52

Feld-Ahorn 82
Feld-Ulme 40
Fichte, Gemeine 18
– Kaukasus- 20
– Serbische 20
– Stech- 20
Flatter-Ulme 40
Flieder, Gemeiner 92
Flügelnuss, Kaukasische 44

Ginkgobaum 12
Gleditschie 74
Götterbaum 86
Grau-Erle 46

Hänge-Birke 48
Hainbuche 50
Hasel, Baum- 52
Hirschkolben-Sumach 78
Holz-Apfelbaum 66
Hopfenbuche, Europäische 50

Japanische Blütenkirsche 70
Japanischer Perlschnurbaum 76
Judasbaum 74

Kiefer, Schwarz- 28
– Tränen- 28
– Wald- 26
– Weymouths 28
Kirsche, Higan- 70
– Japanische Blüten- 70
– Späte Trauben- 68
– Trauben- 68
– Vogel- 68
Kirschpflaume 68
Küstenmammutbaum 32

Lärche, Gemeine 24
Lebensbaum, Orient- 14
– Riesen- 14
Linde, Silber- 60
– Sommer- 60
– Winter- 60

Magnolie, Garten- 36
– Tulpen- 36
Mammutbaum, 32
– Küsten- 32
Manna-Esche 90
Maulbeerbaum, Schwarzer 42
– Weißer 42
Mehlbeere 72
Moor-Birke 48

Ölweide, Schmalblättrige 78

Pappel, Pyramiden- 62
– Silber- 62
– Zitter- 62
Pavie 84
Perlschnurbaum, Japanischer 76
Platane, Ahornblättrige 38
Pyramiden-Pappel 62

Robinie 76
Rosskastanie, Gemeine 84
– Rote 84
Rot-Buche 54
Rot-Eiche 58
Rotholz, Chinesisches 30

Sal-Weide 64
Scheinzypresse, Lawsons 12
– Nootka- 12
Schwarz-Erle 46
Schwarznuss 44
Schwarz-Pappel 62
Silber-Ahorn 82
Silber-Linde 60
Silber-Pappel 62
Silber-Weide 64
Sommer-Linde 60
Spitz-Ahorn 82
Stiel-Eiche 56
Speierling 72
Stinkesche 88
Sumach, Hirschkolben- 78
Sumpfzypresse 30

Tanne, Kolorado- 16
– Nordmanns 16
– Weiß- 16
Taschentuchbaum 78
Trauben-Eiche 58
Trauben-Kirsche 68
– Späte 68
Trompetenbaum 88
Tulpenbaum 36

Ulme, Berg- 40
– Feld- 40
– Flatter- 40

Vogel-Kirsche 68

Wald-Kiefer 26
Walnussbaum 44
Warzen-Birke 48
Weide, Chinesische Trauer- 64
– Sal- 64
– Silber- 64
– Trauer- 64
Weißbuche 50
Weiß-Tanne 16
Winter-Linde 60

Zeder, Atlas- 22
– Himalaja- 22
– Libanon- 22
Zitter-Pappel 62
Zürgelbaum, Amerikanischer 42
– Südlicher 42

Wissenschaftliche Namen

Abies alba 16
– concolor 16
– nordmanniana 16
Acer campestre 82
– negundo 82
– platanoides 80
– pseudoplatanus 80
– saccharinum 82
Aesculus x carnea 84
– hippocastanum 84
– pavia 84
Ailanthus altissima 86
Alnus glutinosa 46
– incana 46

Betula pendula 48
– pubescens 48

Catalpa bignonioides 88
Carpinus betulus 50
Castanea sativa 52
Cedrus atlantica 22
– deodara 22
– libani 22

Celtis australis 42
– occidentalis 42
Cercis siliquastrum 74
Chamaecyparis lawsoniana 12
– nootkatensis 12
Corylus colurna 52

Davidia involucrata 78

Elaeagnus angustifolia 78
Evodia hupehensis 88

Fagus sylvatica 54
Fraxinus excelsior 90
– ornus 90

Ginkgo biloba 12
Gleditsia triacanthos 74

Juglans nigra 44
– regia 44

Koelreuteria paniculata 86

Larix decidua 24
Liquidambar styraciflua 38
Liriodendron tulipifera 36

Magnolia x soulangiana 36
Malus sylvestris 66
Metasequoia glyptostroboides 30
Morus alba 42
– nigra 42

Ostrya carpinifolia 50

Paulownia tomentosa 92
Picea abies 18
– omorika 20
– orientalis 20
– pungens 20
Pinus nigra 28
– strobus 28
– sylvestris 26
– wallichiana 28

Platanus x hispanica 38
Platycladus orientalis 14
Populus alba 62
– nigra ›Italica‹ 62
– tremula 62
Prunus avium 68
– cerasifera 68
– padus 68
– pissardii 68
– serotina 68
– serrulata 70
– subhirtella ›Autumnalis‹ 70
Pseudotsuga menziesii 24
Pterocarya fraxinifolia 44
Pyrus pyraster 66

Quercus frainetto 58
– petraea 58
– robur 56
– rubra 58

Rhus typhina 78
Robinia pseudoacacia 76

Salix alba 64
– babylonica 64
– caprea 64
Sequoia sempervirens 32
Sequoiadendron giganteum 32
Sophora japonica 76
Sorbus aria 72
– aucuparia 72
– domestica 72
Syringa vulgaris 92

Taxodium distichum 30
Taxus baccata 34
Thuja plicata 67
Tilia cordata 60
– platyphyllos 60
– tomentosa 60

Ulmus glabra 40
– laevis 40
– minor 40

Die Pflanzenwelt entdecken

Top Guide Natur
Ulrich Hecker
Bäume und Sträucher
Rund 200 heimische Bäume und Sträucher treffsicher bestimmen mit dem 3er-Check: nur drei Merkmale checken – die gesuchte Art schnell und sicher identifizieren.

Ulrich Hecker
BLV Handbuch Bäume und Sträucher
Alle Arten Mitteleuropas, aber auch Exoten, die Gärten und Parks verschönern; mit vielen Farbfotos und Details zu Bestimmungsmerkmalen, Biologie, Verbreitung, Standortansprüchen, Nutzung u.v.m.

Doris Laudert
Mythos Baum
Die wichtigsten mitteleuropäischen Gehölzarten in ausführlichen Porträts sowie die Kulturgeschichte der Bäume mit vielen Abbildungen und Details: der Baum in Geschichte, Mythologie, Religion, Brauchtum usw.

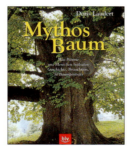

Mario Ludwig u.a.
Neue Tiere und Pflanzen in der heimischen Natur
Tiere und Pflanzen, die aus anderen Ländern oder Kontinenten eingewandert sind, mit Merkmalen, ursprünglicher und heutiger Verbreitung, Biologie und Auswirkungen auf Lebensgemeinschaften.

Thomas Schauer/
Claus Caspari
Der große BLV Pflanzenführer
Der Klassiker unter den Pflanzen-Bestimmungsbüchern jetzt neu; über 1500 Blütenpflanzen Mitteleuropa mit 1140 detaillierten Farbzeichnungen.

BLV Naturführer
Dankwart Seidel
Unsere schönsten Wildpflanzen
Von Frauenschuh bis Fingerhut, von Rittersporn bis Adonisröschen: besonders schöne, seltene oder ungewöhnliche Blütenpflanzen bestimmen.

Im BLV Verlag finden Sie Bücher zu den Themen: Garten und Zimmerpflanzen • Natur • Heimtiere • Jagd und Angeln • Pferde und Reiten • Sport und Fitness • Wandern und Alpinismus • Essen und Trinken

Ausführliche Informationen erhalten Sie bei:
**BLV Verlagsgesellschaft mbH • Postfach 40 03 20 • 80703 München
Tel. 089/12705-0 • Fax 089/12705-543 • http://www.blv.de**